CADERNOS DE PROCESSO DO TRABALHO

N. 40

AÇÃO RESCISÓRIA

SEGUNDA PARTE

De acordo com a Lei n. 13.467/2017 (Reforma Trabalhista)

Dedico este Caderno
ao Armando Casimiro Costa Filho, *in memoriam*.

Manoel Antonio Teixeira Filho

Advogado — Juiz aposentado do TRT da 9.ª Região – Fundador da Escola da Associação dos Magistrados do Trabalho do Paraná — Professor Emérito do Centro Universitário de Curitiba-Unicuritiba – Professor na Escola da Magistratura do Trabalho do Paraná — Membro do Instituto Latinoamericano de Derecho del Trabajo y de la Seguridad Social — do Instituto de Direito Social do Brasil — da Société Internacionale de Droit du Travail et de la Sécurité Sociale — do Instituto dos Advogados do Paraná — da Academia Nacional de Direito do Trabalho – da Academia Paranaense de Letras Jurídicas – do Instituto dos Advogados de São Paulo.

CADERNOS DE PROCESSO DO TRABALHO

N. 40

AÇÃO RESCISÓRIA

SEGUNDA PARTE

De acordo com a Lei n. 13.467/2017 (Reforma Trabalhista)

LTr®

LTr Editora Ltda

Rua Jaguaribe, 571
CEP 01224-003
São Paulo, SP — Brasil
Fone (11) 2167-1101
www.ltr.com.br
Dezembro, 2021

Produção Gráfica e Editoração Eletrônica: PIETRA DIAGRAMAÇÃO
Projeto de capa: DANILO REBELLO
Impressão: META BRASIL

Versão impressa — LTr 6040.8 — ISBN 978-65-5883-110-5
Versão digital — LTr 9828.1 — ISBN 978-65-5883-120-4

Dados Internacionais de Catalogação na Publicação (CIP)

(Câmara Brasileira do Livro, SP, Brasil)

Teixeira Filho, Manoel Antonio

Cadernos de processo do trabalh, n. 40: ação rescisória: segunda parte/ Manoel Antonio Teixeira Filho. – 1. ed. – São Paulo: LTr, 2021."De acordo com a Lei n. 13.467/2017 (reforma trabalhista)"

Bibliografia.

ISBN 978-65-5883-110-5

1. Ação rescisória – Brasil 2. Direito processual do trabalho 3. Direito processual do trabalho – Brasil I. Título.

21-86393 CDU-347.9:331(81)

Índice para catálogo sistemático:

1. Brasil: Direito processual do trabalho 347.9:331(81)

Cibele Maria Dias – Bibliotecária – CRB-8/9427

SUMÁRIO

CAPÍTULO X

SENTENÇA DE MÉRITO

Segundo o art. 966, *caput*, do CPC, somente são rescindíveis as decisões de mérito passadas em julgado, conquanto o § 2º dessa mesma norma ressalve a possibilidade de a rescisória dirigir-se a pronunciamento jurisdicional que não seja de mérito nas situações ali referidas.

Detenhamo-nos no exame dos elementos que integram essa dicção legal, no que diz respeito aos pronunciamentos jurisdicionais de mérito.

1. Sentença

O CPC de 1973 aludia apenas à *sentença* como ato jurisdicional rescindível, particularidade que nos levou a obervar, em livro anterior, que aquele Código não pretendeu, como se pudesse imaginar, tornar imune ao *iudicium rescindens* dos tribunais os demais provimentos que os órgãos judicantes emitiam, como os acórdãos e os despachos de conteúdo decisório.

Esclarecíamos que o vocábulo **sentença** não foi aí utilizado com o sentido estrito que lhe dá o art. 162, § 1º, daquele CPC ; em rigor, o que houve foi um deslize de ordem técnica do legislador, sob a forma de *minus dixit quam voluit,* pois é certo que bastaria ser de mérito o pronunciamento jurisdicional para que ele pudesse se submeter a um ataque pela via rescisória (contanto que já envolvido pelo fenômeno da coisa julgada), pouco importando que se tratasse de sentença (ato de juízo de primeiro grau) ou de acórdão (ato de tribunal), ou mesmo de despacho de conteúdo decisório.

Embora o Prof. Alfredo Buzaid tenha, na Exposição de Motivos do CPC de 1973 feito referência ao conselho proveniente das fontes romanas, no sentido de que toda definição em direito civil é perigosa (*omnis definitio in iure civile periculosa est*), atreveu-se a conceituar a sentença como "o ato pelo qual o juiz põe termo ao processo, decidindo ou não o mérito da causa" (art. 162, § 1º); a decisão interlocutória como "o ato pelo qual o juiz, no curso do processo, resolve questão incidente" (*ibidem,* § 2º) e os despachos como "todos os demais atos do juiz praticados no processo, de ofício ou a requerimento da parte, a cujo respeito a lei não estabeleça outra forma" (*ibidem,* § 3º). Todas essas definições tiveream em mira a redação original do art. 162, daquele Código.

Dissemos, na altura, que essa classificação dos pronunciamentos judiciais e a consequente definição desses foram realizadas com técnica se não perfeita, ao menos satisfatória. De qualquer maneira, representavam uma expressiva ruptura epistemológica com a terminologia e a doutrina predominantes no texto do CPC de 1939, superando as deficiências e as imprecisões científicas que estavam a eivá-lo. A presença de Liebman, em nosso País, no período de 1940 a 1946, pode ser apontada como um dos fatores que mais contribuíram para esse aprimoramento científico-terminológico; e lembrávamos o fato de Alfredo Buzaid ter sido um dos discípulos desse notável jurista italiano.

Nada obstante esse considerável avanço científico empreendido pelo diploma processual civil de 1973, ele, em determinados momentos, fez inadvertida concessão à linguagem imprecisa do Código de 1939.

O CPC de 2015 não incidiu nos equívocos dos Códigos que o precederam, pois fez constar do seu art. 966, *caput,* que serão rescindíveis todas as **decisões** de mérito transitadas em julgado que tenha incorrido em quaisquer dos casos previstos nos incisos I a VIII, desse preceptivo legal. De tal arte, o vocábulo **decisões** compreende, com vistas ao exercício da ação rescisória, as sentenças, os acórdãos e as decisões (interlocutórias) de mérito. Foi o que sustentamos, desde sempre, em livros, palestras, conferências, artigos, e o mais, mesmo quando a norma legal parecia não confortar a nossa opinião.

A Consolidação das Leis do Trabalho, elaborada sob a influência do Código de Processo Civil de 1939, faz referência, no art. 884, § 3º, à "sentença" de liquidação, quando se sabe que esse ato jurisdicional de quantificação do crédito do exequente, por não implicar a extinção do processo, não pode ser classificado como sentença, e, sim, como decisão de traço interlocutório, na medida em que, *de lege lata,* a fase de liquidação, no processo do trabalho, corresponde a uma espécie de incidente (não típico) do processo de execução – e não, a um processo autônomo.

Já o provimento jurisdicional que resolve os embargos à execução constitui, realmente, modalidade de sentença (irrepreensível, por isso, a linguagem empregada pelo art. art. 884, § 4º, da CLT), porquanto dotado de eficácia extintiva dessa ação (de embargos).

2. Mérito

Como asseveramos há pouco, o Código de Processo Civil de 1973 lançou por terra o obsoleto edifício do estatuto anterior, em que as sentenças que punham fim ao processo sem exame do mérito eram denominadas de **terminativas** e as que davam cobro ao processo com investigação do mérito recebiam o tratamento de definitivas.

Do ponto de vista do CPC de 1973 era absolutamente desnecessário verificar-se se a sentença adentrara, ou não, no mérito da causa, pois esse aspecto não era essencial para a conceituação daquele ato jurisdicional. O que se deveria colocar à frente era o fato de tal ato ser munido de eficácia para dar fim, ou não, ao processo; se a resposta fosse afirmativa, estaríamos diante de uma sentença; se negativa, haveria que se procurar descobrir de que outra modalidade de pronunciamento se tratava.

Posteriormente, contudo, a Lei n. 11.232/2005 revolucionou o processo civil ao realizar aquilo que a doutrina passou a denominar de "sincretismo processual", consistente em trazer a clássica execução de título judicial para o próprio processo de conhecimento. Em decorrência disso, no sistema daquele Código a expressão **execução** foi substituída por **cumprimento da sentença**. Por força dessa profunda transformação imposta no sistema, o legislador teve que reformular o conceito de sentença, que passou a ser "o ato do juiz que implica alguma das situações previstas nos arts. 267 e 269 desta Lei".

O CPC de 2015 manteve o **cumprimento da sentença** (arts. 513 a 538), razão pela qual conceituou a setença como "o pronunciamento por meio do qual o juiz, com fundamento nos arts. 485 e 487, põe fim à fase cognitiva do procedimento comum, bem como extingue a execução".

Pergunta-se: como fica o processo do trabalho diante dessa alteração do conceito de sentença, realizada pelo CPC de 1973 (Lei n. 11.232/2005) e mantida, *mutatis mutandis*, pelo CPC de 2015? A resposta nos conduz a uma situação deveras *sui generis*. Expliquemo-nos. Conforme vimos há pouco, o CPC de 1973, anteriormente ao advento da Lei n. 11.232/2005, separava os processos de conhecimento e de execução de título judicial, fato que justificou o seu conceito de sentença como o ato pelo qual o juiz punha fim ao processo (de conhecimento), examinando, ou não, o mérito da causa (art. 162, § 1º). Como o processo do trabalho também separava os processos de conhecimento e de execução, caía-lhe bem o conceito enunciado pelo art. 162, § 1º, daquele CPC. Desse modo, mesmo tendo, o processo civil, realizado o precitado "sincretismo processual" e, em decorrência disso, reformulado o conceito de sentença, esse fato não afetou o processo do trabalho, que mantém a separação dos processos de conhecimento e de execução. Assim sendo, em que pese ao fato de o primitivo conceito de sentença, estampado no art. 162, § 1º, do estatuto processual civil de 1973, ter sido reformulado (e, de certa forma, repetido pelo art. 203, § 1º, do CPC de 2015), ele foi incorporado ao processo do trabalho pela via tácita; foi, enfim, recepcionado por este processo especializado. Que ninguém se sobressalte com nossa afirmação a respeito dessa recepção, fenômeno perfeitamente admissível nos sítios jurídicos, inclusive processuais, bastando argumentar com os provectos princípios da **variabilidade** e da **fungibilidade**, largamente utilizados na vigência do CPC de 1973, sem que estivessem previstos nesse Código: previam-nos o CPC de 1939 (arts. 809 e 810, respectivamente). Ditos princípios foram, pois, recepcionados, tacitamente, pelo CPC de 1973 (sendo incorporados ao processo do trabalho) e, por certo, seguirão a ter guarida na vigência CPC de 2015. Para clarificarmos: no processo do trabalho, *de lege lata*, a sentença deve continuar sendo conceituava como *o* **ato pelo qual o juiz põe fim ao processo, resolvendo, o ou não, o mérito da causa.**

No que toca às sentenças **homologatórias** de transação, a doutrina e a jurisprudência, em atitudes contestes, vinham consolidando engenhosa construção, por elas efetuada, baseada na separação entre as origens dos atos que se visava a desfazer: se o objetivo era cassar os efeitos de ato praticado pelas partes (a transação em si), o meio adequado seria a ação anulatória, em consonância com a declaração emanante do art. 486, do CPC de 1973; se, ao contrário, se desejava atacar o ato judicial (homologatório), em virtude de algum vício nele existente, o caminho correto seria o da rescisória. Pessoalmente, divergíamos dessa opinião, como pudemos deixar registrado em outras ocasiões (1). Entendíamos que, indistintamente, a transação, como negócio jurídico bilateral, ou a sentença que a homologava, deveriam ser desconstituídas pela rescisória. Para nossa satisfação, o Tribunal Superior do Trabalho perfilhou esse entendimento, como demonstra a Súmula n. 259, assim redigida: "Só por ação rescisória é atacável o termo de conciliação previsto no parágrafo único do art. 831 da Consolidação das Leis do Trabalho" (Resolução Administrativa n. 7, de 1986), sendo apontados, como referência legal, os arts. 831, parágrafo único, da CLT, e 485 a 495, do CPC.

O tema, que se encontrava pacificado pela Súmula n. 259, do TST, pode vir a sofrer turbulência doutrinária, porquanto o art. 966, § 4º, do CPC de 2015, declara que "Os atos de disposição de direitos, praticados pelas partes ou por outros participantes do processo e homologados pelo juízo, bem como os atos homologatórios praticados no curso da execução, estão sujeitos à **anulação**, nos termos da lei" (destacamos).

Retomaremos esse assunto no capítulo XVI.

A esta altura de nossa exposição, julgamos estar suficientemente claro que, **em princípio**, somente os pronunciamentos jurisdicionais de mérito (sentença, acórdão, despacho de conteúdo decisório) ensejam uma investida rescisória.

O que se deve entender, entrementes, por **mérito** para esse efeito?

Dispunha o art. 287, do CPC, de 1939 que "A sentença que decidir a lide terá força de lei nos limites das questões decididas" (destacamos). Nesse ponto, parece haver-se o legislador brasileiro de 1973 inspirado no Projeto que Carnelutti apresentou à Subcomissão Real presidida por Mortara.

Antes de Carnelutti, reiteremos, o substantivo **lide** possuía um significado impreciso, pois algumas vezes era utilizado para designar o conflito intersubjetivo de interesses, outras para identificar o próprio processo, como método estatal de solução dos conflitos.

Na clássica definição formulada por Carnelutti, lide é o conflito de interesses qualificado pela pretensão manifestada por um dos litigantes e pela resistência oferecida pelo outro. Lide é, portanto, na doutrina carnelutiana, a pretensão resistida e insatisfeita.

Ao elaborar a Exposição de Motivos do Código de Processo Civil de 1973, o Prof. Alfredo Buzaid, consagrando a lição do grande jurista italiano, cuidou de advertir que "o projeto só usa a palavra lide para designar o mérito da causa" (capítulo II, n. 6), arrematando que "lide é, portanto, o objeto principal do processo e nela se exprimem as aspirações em conflito de ambos os litigantes" (*Idem, ibidem*).

No sistema do diploma processual civil de 1973, portanto, lide correspondia a mérito.

Coerente com essa orientação, o legislador declarou, no art. 468, daquele Código: "a sentença que julgar total ou parcialmente a lide, tem força de lei nos limites da lide e das questões decididas", conquanto haja aqui reproduzido, quase literalmente, a regra que estava no citado art. 287, do Código anterior (1939).

O CPC de 2015, entretanto, abandonou a referência à **lide**, passando a aludir ao **mérito**, como ocorreu, por exemplo, no art. 503, *caput*: "A decisão que julgar total ou parcialmente o **mérito** tem força de lei nos limites da questão principal expressamente decidida" (destacamos).

3. Conceito de mérito

Lançadas algumas considerações propedêuticas a respeito dos provimentos jurisdicionais suscetíveis de rescisão; mostrada a sinonímia que o legislador procurou estabelecer entre os vocábulos lide e mérito e denunciadas ocasionais falhas por ele cometidas nesse campo, chega o instante de dedicarmo-nos à tormentosa tarefa de elaborar um conceito processual de mérito que atenda, o quanto possível, às exigências científicas e à necessidade de sua adequação ao tema da rescisória.

Antes, coloquemos em destaque a crítica, de acentuada causticidade, formulada por Pontes de Miranda à locução "de mérito", que integra a expressão literal do art. 485, *caput*, do CPC de 1973, e sua anotação de que os intérpretes dessa norma legal "ou a) se prendem à expressão 'de mérito', sem atenderem ao que pode resultar de perturbação e de contradição na concepção brasileira da ação rescisória, e não lhes interessa o mal que pode advir de tal ajoelhar-se diante do erro lamentável; ou b) buscam o exame das hipóteses em que, a despeito de não se ter julgado o mérito, a nocividade da preexclusão da ação rescisória é evidente"(1).

Cândido Dinamarco, após criteriosa pesquisa, separa os autores que se preocuparam em elaborar um conceito de mérito em três posições fundamentais: a) os que o conceituam no plano das questões, ou complexo de questões pertinentes à demanda; b) os que se valem da demanda ou de situação externa ao processo, mas a este trazidas por intermédio da demanda; c) especificamente, os que afirmam ser o mérito a própria lide(2).

O que escreveremos a seguir representa um resumo do trabalho dado a lume pelo eminente pensador paulista.

a) Foram, notadamente, os autores italianos que passaram a ver o mérito nas questões de fundo do processo, com o que insinuaram confundir-se o *meritum causae* com as questões de mérito. Dentre esses juristas, sobressaem Liebman, Carnelutti e Garbagnati.

Para Liebman, a atividade cognitiva do juiz se prende ao objetivo de decidir se o pedido formulado pelo autor deve ser acolhido ou rejeitado. Desse modo, todas as questões cuja solução possa influir, de forma direta ou indireta, nessa decisão, formam, em seu conjunto, o mérito da causa(3).

Carnelutti, por sua parte, diz que o "mérito da lide" constitui o conjunto das questões materiais que a lide revela(4).

No pensamento desse autor, portanto, a questão decorre de dúvida relativa a razões em que se apóiam os pedidos das partes. Isso quer dizer que, segundo sua óptica, para solucionar o conflito inter-subjetivo de interesses, o juiz tem, muitas vezes, de resolver, antes, todos esses pontos duvidosos que caracterizam as questões. **Ponto**, para Dinamarco, é "aquele fundamento da demanda ou da defesa, que haja permanecido incontroverso durante o processo, sem que as partes tenham levantado discussão a respeito (e sem que o juiz tenha, de ofício, posto em dúvida o fundamento); discordes as partes, porém, isto é, havendo contestação de algum ponto por uma delas (ou, ainda, havendo o juiz suscitado a dúvida), o ponto se erige em questão"(5).

---

(1) *Revista da Faculdade de Direito da Universidade do Rio de Janeiro*, vol. XXIII, 1979. p. 31-34.
(2) *Fundamentos do processo civil moderno*. São Paulo: Revista dos Tribunais. 1986. p.188.
(3) "Manual...", I, n. 80, p. 170/171.
(4) *Istituzioni del processo civile italiano*, I, n. 13, p. 13.
(5) Ob. cit., p. 189/190.

Há pontos duvidosos que se referem a fatos, assim como existem os que concernem a direitos. Tanto aqueles como estes dão origem às questões, que, na doutrina carnelutiana, correspondem a mérito. Sob outro aspecto, as dúvidas podem estar relacionadas com determinados fatos e direitos que digam respeito às pretensões de ordem material (ou substancial), ou com certas situações relativas ao processo em si, à ação e às condições para o seu exercício. Daí ser possível falar-se em questões substanciais e questões processuais.

Pondera Dinamarco, todavia, que "o fato de uma questão (ou conjunto de questões) ter pertinência à relação material *in judicium deducta*, caracterizando-se como questão de mérito, não significa que ela própria (a questão, ou grupo de questões) seja o mérito. Para decidir o mérito, assim como para declarar que o demandante está amparado por ação ou dela é carente, ou ainda para pôr ordem ao processo como tal e verificar-lhe os pressupostos, o juiz vai resolvendo questões, isto é, optando por pontos que lhe pareçam procedentes. É vital não confundir as questões com o próprio mérito, ou com a ação ou mesmo com o processo. Essa confusão é causa (ou será efeito?) do preconceito consistente em confinar o conceito de mérito à teoria do processo de conhecimento, excluindo-o do executivo"(6).

É na fundamentação (ou motivação) da sentença onde o juiz irá solucionando as questões que surgiram no processo. Logo, incorreu em grave erro do legislador de 1973 ao afirmar, via art. 489, III, do Código, que no dispositivo o juiz "resolverá as questões principais que as partes lhe submeterem". *Data venia*, na parte dispositiva da sentença o juiz apenas proclama o **resultado** do solucionamento que, na fundamentação, deu a tais questões. Dizer que no **decisum** serão dirimidas as questões é encambulhar as razões teleológicas que justificam a existência das três partes estruturais integrantes dos pronunciamentos da jurisdição dotados de aptidão para darem fim ao processo (relatório, fundamentação e dispositivo). Além do mais, a redação dada ao inc. III do art. 489 é injustificadamente restritiva, pois as questões que o juiz soluciona (na fundamentação, insista-se) não são apenas aquelas que os litigantes lhe submeteram à apreciação, compreendendo, também, as que o julgador haja conhecido *ex officio*.

Garbagnati conceitua o mérito como "grupo de questões relativas ao fato constitutivo do direito invocado processualmente pelo autor e à escolha e interpretação das normas jurídicas que lhe serão aplicadas"(7). A opinião desse jurista peca, entretanto, por haver circunscrito aos fatos de natureza constitutiva a possibilidade de constituição do *meritum causae*, como se essa possibilidade não pudesse aproveitar, por igual, aos fatos modificativos, impeditivos e extintivos do direito alegado. Demais, ao contrário do sistema processual brasileiro, o italiano

---

(6) Ob. cit., p. 190.
(7) *Questioni di merito e questioni pregiudiziali*, p. 257, apud Cândido Dinamarco, ob. cit., p. 191.

introduz no mérito as denominadas "preliminares de mérito"; em nosso meio, a doutrina prefere referir-se a elas como prejudiciais de mérito (a prescrição extintiva, por exemplo), para diferençá-las das preliminares típicas (CPC, art. 337), circunstância que já põe em evidência a inadequação da doutrina desse autor à nossa realidade. De qualquer sorte, parece-nos desapercebido de qualquer interesse prático investigar se a sentença se pronunciou apenasmente sobre os fatos constitutivos, ou se também o fez quanto aos modificativos, impeditivos e extintivos, porquanto, em todas essas situações, houve manifestação jurisdicional respeitante ao mérito.

Concordamos com Cândido Dinamarco quando argumenta que o *meritum causae* não é composto pelas questões de fundo, pois ele é o próprio fundo[8]. Esta observação, sim, possui inegável e relevante utilidade prática, vez que devendo as questões ser resolvidas na fundamentação (e não no dispositivo) da sentença e que apenas aquilo que se encontra neste se submete ao fenômeno da coisa julgada material, extrai-se a regra de que as questões (como produto de pontos duvidosos) não passam em julgado. Convém citar, em apoio às nossas afirmações, as declarações constantes do art. 504, desse Código, no sentido de que não fazem coisa julgada: a) os motivos (fundamentos) da sentença, mesmo que importantes para determinar o alcance da parte dispositiva (I); e b) a verdade dos fatos, estabelecida como fundamento da sentença (II). Daí havermos asseverado que, em princípio, transita em julgado unicamente o que se contiver no dispositivo (*decisum*). Consequentemente, os fundamentos da sentença não podem constituir objeto de ação rescisória.

O quanto expusemos é, a nosso ver, bastante para deixar claro, de uma vez por todas, que o *meritum causae*, não correspondendo às denominadas questões de mérito, não pode ser com estas confundido, sob pena de graves consequências à exata compreensão do tema relativo à rescisória.

b) Em obra clássica, Chiovenda escreveu que a sentença de mérito "é o provimento do juiz acolhendo ou rejeitando a demanda do autor destinada a obter a declaração da existência de uma vontade de lei que lhe garanta um bem, ou da inexistência de uma vontade legal que o garanta ao réu"[9].

O ilustre jurista italiano parece, portanto, apropriar-se da demanda para construir o seu conceito de mérito, nada obstante procure separar o mérito em si das questões que a ele dizem respeito, como se deduz de sua afirmativa de que "as questões sobre as condições da ação dizem-se questões de mérito (*merita causae*)"[10].

---

(8) Ob. cit., p.192.
(9) *Principii di Diritto Processuale Civile*, § 5º, I, 1, p. 134.
(10) *Idem, ibidem.*

Luigi Montesano também participa da opinião de que só são de mérito as sentenças que acolhem ou rejeitam a demanda(11).

O Código de Processo Civil dá mostras, em alguns momentos, de haver aderido a essa concepção, como quando, no art. 487, I, declara que o processo se extingue (com julgamento do mérito) quando o juiz acolher ou rejeitar o pedido formulado na ação ou na reconvenção. **Pedido** guarda, nesse dispositivo, sinonímia com **demanda**, embora este termo não tenha tido maior consagração na legislação e na doutrina brasileiras. O CPC vigente a ele faz menção em um escasso número de vezes; mesmo assim, não o emprega no senso tradicional que lhe atribuíam os nossos escritores de tempos passados, que tomavam a palavra como significativa do ato pelo qual a sentença era pedida.

Na Itália se faz larga aplicação, nas leis, na doutrina e na jurisprudência, do termo **domanda**, que no direito germânico aparece como *Klage.*

Seria, porém, a demanda o mérito da causa, como querem Chiovenda e Montesano?

Se considerarmos a palavra em sua acepção pura — ou, quando menos, tradicional —, a resposta será, inevitavelmente, negativa. Traduzindo a demanda o ato por meio do qual a parte impetra a tutela jurisdicional que o Estado está obrigado a prestar, "Ela é o veículo da pretensão do demandante, que é uma sua aspiração a determinado bem ou a determinada situação jurídica que, sem o processo e sem a intercessão judicial, o sistema o impede de obter"(12). Insere-se a demanda, por isso, no elenco dos atos de natureza fundamentalmente processual, motivo por que não se pode identificar nela o mérito da causa. A demanda é, apenas, o instrumento das pretensões que o autor deseja pôr em juízo. A pretensão, esta, sim, é o elemento substancial do mérito.

A tomarmos o termo demanda como pretensão, na tentativa de apresentar uma resposta afirmativa à indagação há pouco formulada, estaremos confundindo conceitos e nos afastando do próprio significado que o CPC sugere à palavra: causa, processo ("perder a demanda" = perder a causa; "custear a demanda" = custear o processo).

Por tudo isso, ficamos com o parecer de que a demanda não pode ser reconhecida como o mérito da causa.

Alguns autores — dentre os quais Redenti e Fazzalari, na Itália, e Lente, na Alemanha — vêem na relação jurídica substancial controvertida pelas partes

---

(11) *Questioni preliminari e sentenze parziali di merito,* Riv. Dir. Proc., 1969, p. 581, *apud* Cândido Dinamarco, ob. cit., p. 195.
(12) DINAMARCO, Cândido R. *Fundamentos...* , p. 195.

o *meritum causae*. O mérito seria, dessa maneira, algo que surge fora do processo, que é exterior a ele. Os que sustentam essa opinião embaraçam-se, contudo, diante da necessidade de explicar o fato de sendo a relação jurídica substancial o mérito, mas cabendo ao processo averiguar a existência dessa relação, concluir-se que ela não existe; nessa hipótese, teríamos, então, um processo sem objeto?

Por outro lado, dizer que o mérito reside na relação substancial controvertida equivale a ignorar a ausência, em diversos casos de controvérsia acerca dessa relação: inexistiria, aqui, mérito? De mérito não se poderia cogitar quando houvesse revelia, ou quando o réu deixasse de se manifestar, precisamente, sobre os fatos narrados na petição inicial (CPC, art. 341)?

Depararam-se-nos, em face disso, insustentáveis as posições assumidas por aqueles autores que situam o mérito na controvérsia pertinente à *res in iudicium deducta*.

Betti entende que a relação jurídica litigiosa, que interessa ao processo, é a relação jurídica que radica na afirmação do direito subjetivo feita pelo autor. Justifica o seu ponto de vista com base no fato de que a mecânica do processo civil, para o desempenho da função que lhe é própria, impõe à parte que ingressa em juízo o encargo e o risco de formular a razão que pretende fazer prevalecer(13) e prossegue: "Em outros termos, o autor não pode limitar-se a narrar os fatos da causa sem expressar valorações relevantes, provocando apenas a valoração do juiz e esperando que este veja e diga o que é que lhe corresponde segundo o direito. Ele, autor, deve afirmar o que é que lhe corresponde. Ele deve, em outras palavras, afirmar o que (segundo a sua valoração unilateral) a vontade da lei exige no caso concreto (*quid juris*). Desde quando se define a função do processo civil, precisa ficar bem claro no espírito que a atuação da lei no processo se opera com relação a um interesse concreto que se pretende seja protegido: pretender é afirmar. O processo cognitivo, em especial, exige que o autor afirme existente e com um determinado conteúdo, ou então afirme inexistente (quando demanda a declaração negativa) uma certa relação ou estado jurídico (relação ou estado litigioso), extraindo daí a posição de preeminência jurídica, ou de liberdade de vínculos, pretendida em relação ao adversário"(14).

c) Encontra-se ornada de certo prestígio a corrente doutrinária que indica a lide como objeto do processo. Liebman é um dos mais destacados representantes dessa opinião.

Sabendo-se que essa doutrina proclama ser a lide o mérito da causa, ela fica a dever-nos uma explicação satisfatória diante daqueles casos em que não

---

(13) *Ragione e azione*, Rev. Dir. Proc. Civile, 1932, I, p. 205.
(14) *Idem, ibidem.*

existe lide, interpretada esta como o conflito subjetivo de interesses. A revelia se caracteriza, essencialmente, pela falta de resposta do réu (CPC, art. 335); isso significava que não se estabelece aí nenhum conflito de interesses, pois a pretensão formulada pelo autor não foi resistida. A prevalecer, pois, a manifestação doutrinária que estamos a comentar, haveríamos de admitir que na revelia o processo não teria objeto, porquanto ausente a lide. À mesma conclusão seríamos levados a tirar na hipótese de o réu reconhecer a "procedência" do pedido (CPC, art. 487, III, "a"), porquanto não contestou, não excepcionou, não reconveio; ao contrário, admitiu que o autor possuía o direito alegado.

É elementar que em ambos os casos o processo teria objeto (a pretensão *in iudicium deducta*) e haveria exame do mérito. O texto processual civil brasileiro arrola, aliás, o reconhecimento da "procedência" do pedido como uma das causas de extinção do processo mediante penetração no *meritum causae*.

Na precisa observação de Cândido Dinamarco, "Como conceito sociológico, a lide presta-se com muita utilidade para justificar didaticamente a necessidade do processo e do exercício da jurisdição, quando se trata de matéria disponível (especialmente, direito das obrigações), sendo possível a satisfação da pretensão pela pessoa a quem dirigida e, portanto, sendo relevante a sua resistência. Fora disso, o conceito se mostra inadequado e, mesmo com as adaptações que vão sendo tentadas, não serve para figurar assim ao centro da ciência do processo"(15).

Em que pese ao empenho afanoso dos eminentes juristas que se lançaram à missão de isolar, dentre os elementos fornecidos pela ciência do processo, aquele que refletisse, com precisão, o mérito da causa, a dolorosa verdade é que muito se escreveu, muito se respigou, muito se errou e pouco se acertou.

Não há dúvida que algo se avançou nesse campo com o abandono das questões, da lide e da demanda como objeto do processo; até que se atinja, porém, o ponto visado, o momento consagrador de apresentar-se ao mundo jurídico um elemento que, submetido ao rigor da investigação científica e ao espírito crítico da doutrina, possa ser aceito por todos como o verdadeiro *meritum causae*, muito ainda se terá de avançar.

Particularmente, acreditamos que o reconhecimento da pretensão processual posta em juízo como consubstanciadora do mérito representa se não o ideal há tanto tempo perseguido, ao menos um considerável passo nessa direção. Vez mais, colocamo-nos ao lado de Cândido Dinamarco quando pondera que se tal pretensão é re-presentada pela afirmação ou pelo pedido, ou se a causa de pedir deve ser considerada também nela incluída para esse fim, "tais

---

(15) Ob. cit., p. 201/202.

dúvidas constituem um desafio, a ser ainda enfrentado convenientemente em nossa doutrina"(16).

A despeito de todas as dificuldades que haveremos de encontrar, esbocemos, agora, um conceito pessoal de mérito — para atendermos ao comando do art. 966, *caput*, do CPC, e, em especial, aos objetivos deste capítulo. Ei-lo, em termos lacônicos: mérito é a pretensão manifestada pelas partes, é a relação jurídica substancial submetida à apreciação dos órgãos jurisdicionais.

Evitamos de falar em relação substancial controvertida porque, conforme vimos anteriormente, há casos em que essa relação se torna incontroversa (na revelia, no reconhecimento da "procedência do pedido") e nem por isso deixará de ser de mérito o consequente provimento jurisdicional.

Nossa referência à relação jurídica substancial não deve ser interpretada como desconhecimento da moderna doutrina processual, que considera a ação um direito subjetivo público, cujo exercício independe da existência do direito material que ela se destina a proteger. Uma coisa nada tem a ver com a outra. A ação é efetivamente um direito abstrato; tanto isso é certo que, na ação declaratória negativa, o objeto é, precisamente, a obtenção de um provimento jurisdicional que afirme a inexistência de relação jurídica. Em tema de ação rescisória, porém, é indispensável a presença de uma relação jurídica substancial que tenha sido apreciada pela sentença rescindenda. Essa relação traduz o *meritum causae* — mérito que é encontradiço não somente no processo de conhecimento, como no de execução e, pelo menos em um momento, no próprio processo cautelar, como pretendemos demonstrar nos itens que se seguirão.

4. Mérito no processo de conhecimento

Pondo em destaque a natureza do provimento jurisdicional, a que o exercício da ação geralmente conduz, a doutrina reconhece a existência de três classes de processo: a) de conhecimento; b) de execução; e c) cautelar. O estatuto processual civil de 1973, prestigiando essa construção doutrinária, dedicou um livro a cada uma dessas espécies. O CPC de 2015, inovando, cuida das tutelas provisórias no Livro V, da Parte Geral; do processo de conhecimento e do cumprimento da sentença; no Livro I, da Parte Especial, e o processo de execução; no Livro II, também da Parte Especial. A CLT, menos sistemática e quase acientífica, trata dos processos de conhecimento e de execução em Título comum (X), embora em capítulos diversos (I e V, respectivamente) — ressalvado o nosso entendimento, manifestado em outra obra, de que a execução trabalhista, do ponto de vista ontológico, nada mais representa do que mera fase sequente ao processo cognitivo,

(16) Ob. cit., p. 219.

do qual depende, invariavelmente, para existir(17). Desconhece a CLT o processo cautelar; o que está nos incs. IX e X do art. 659 não é uma providência acautelatória, como se tem suposto, sem maiores reflexões, e, sim, medida semelhante à que é concedida em ação de mandado de segurança e que pode ser interpretada como uma antecipação provisória do provimento jurisdicional de fundo(18). A despeito disso, doutrina e jurisprudência majoritárias entendem tratar-se, aí, de medida cautelar. Não pretendemos quebrar lanças a respeito desse tema. Se necessário, reconhecemos a natureza acauteladora dessas providências, cujo efeito prático será permitir que, para o deferimento delas, em concreto, seja bastante um juízo de mera probabilidade e não um juízo de certeza, este característico do processo de conhecimento.

No processo de conhecimento, o que se deseja é obter uma sentença que, solucionando o conflito de interesse, diga, com a autoridade que lhe é própria, com quem está o direito disputado. Diz-se, então, que um provimento assim emitido será de mérito. Ainda que o réu deixe de manifestar resistência às pretensões deduzidas pelo autor, a sentença, que acaso venha a acolher os pedidos postos na inicial, será de mérito. Nota-se, com isso, que a configuração do exame do *meritum causae* não está subordinada à existência de qualquer modalidade de resposta do réu (exceção, contestação, reconvenção, reconhecimento da "procedência" do pedido), e, sim, a que a sentença se pronuncie sobre o pedido formulado pelo autor, seja para acolhê-lo ou para rejeitá-lo (CPC, art. 490). Regra geral, quando o provimento da jurisdição se vê tecnicamente impossibilitado de apreciar as pretensões *in iudicio deducta* (= relação jurídica substancial), o processo se extingue sem investigação do mérito, inibindo, com isso, o exercício da ação rescisória. Dissemos regra geral, que, como procuraremos demonstrar em linhas posteriores, quando o juiz declarar, por sua incoação ou mediante denúncia da parte, a perempção, a litispendência ou a coisa julgada (material), o processo cessará mediante exame do mérito, ao contrário do que proclama o art. 485, V, do CPC, tanto que a sentença poderá ser objeto de rescisória, com fundamento, em alguns casos, no inc. VIII, do art. 966, do CPC.

Em capítulo pretérito, fizemos breve alusão ao problema do mérito nas ações em que o autor pretende conseguir uma sentença que afirme haver sido de emprego a relação jurídica material existente ou havida com o réu; retomamos, agora, o assunto, para aprofundá-lo.

Doutrina e jurisprudência vêm, há muito tempo, prestando homenagem ao erro ao imaginarem que quando o juiz se convence da inexistência de relação de

---

(17) *Execução no processo do trabalho*. São Paulo: LTr, 1989. p. 49.

(18) *As ações cautelares no processo do trabalho*. 2. ed. São Paulo: LTr, 1989. p. 68/70. 2ª tiragem.

emprego entre o autor e o réu deve declarar o primeiro carecedor da ação; o fundamento tem sido o de que o réu é parte ilegítima. Ora, provada que esteja nos autos a prestação pessoal de serviços do autor, em benefício do réu, é evidente que este estará legitimado para a causa (assim como aquele). Carência da ação haveria se o autor viesse a juízo para deduzir as suas pretensões em face de pessoa (réu) distinta daquela para a qual prestou serviços. Quando, porém, o réu que se encontra identificado na petição inicial coincide com aquele para quem o autor trabalhou em caráter pessoal, de maneira não eventual, mediante subordinação jurídica e percepção de salário — persistamos em asseverar — eventual declaração de carência da ação espelhará um grave desconhecimento da legitimidade *ad causam* como uma das condições para o exercício desse direito subjetivo público, sob a óptica da doutrina liebmaniana, na qual ditas condições foram concebidas.

Vale sublinhar que somente o réu para o qual o autor prestou serviços poderia responder às pretensões por este formuladas, na medida em que se verificaria, na hipótese, aquela "pertinência subjetiva" deste, em relação aos pedidos efetuados pelo adversário. Daí por que não pode o autor, com base nos mesmos fatos, ajuizar nova ação, diante do mesmo réu, sempre que este tenha sido considerado, efetivamente, pela sentença, parte ilegítima. É com essa nota peculiar às denominadas ações de relação de emprego que deve ser entendida a regra insculpida no art. 486, do CPC, de que a extinção do processo, com fulcro em quaisquer dos casos previstos no art. 485, do mesmo Código, "não obsta a que a parte proponha de novo a ação". A interpretar-se de forma diversa essa norma processual, deveríamos admitir que o autor poderia ajuizar a ação tantas vezes desejasse, porquanto o processo se extinguiria sempre sem exame do mérito, na situação de que estamos a nos ocupar. Não bastassem os grandes inconvenientes de ordem prática, a que uma tal inferência distorcida conduziria, teríamos ainda de presenciar uma rude falta perpetrada contra o conceito de mérito. Com efeito, pudemos sustentar, em páginas anteriores, que o *meritum causae* está consubstanciado nas pretensões que as partes deduzem em juízo. O que o autor pretende, na espécie em estudo, é obter um provimento jurisdicional que declare haver sido de emprego a relação jurídica material havida ou ainda existente com o réu; a pretensão deste, ao contrário, é de que a sentença não reconheça a existência dessa relação (por ter sido, digamos, de natureza civil, comercial etc.). Seja, pois, acolhendo ou rejeitando o pedido do autor, a sentença estará, inegavelmente, se pronunciando sobre o mérito da causa. Acolhendo-o, o provimento jurisdicional será, a um só tempo, declaratório, constitutivo e condenatório (ao pagamento, pelo réu, de certas quantias postuladas na peça inaugural); rejeitando-o, será apenas declaratório.

Pertencem a um remoto período de maltrado à ciência jurídica, portanto, as sentenças que, convencidas da inexistência de relação de empregado entre as partes, declaravam o autor carecedor da ação – por ser, o réu, supostamente, parte ilegítima para figurar na relação processual.XXX

Pouco importa a índole da sentença, em tais hipóteses; a tudo sobreleva o fato de que ela sempre acarretará um pronunciamento do juízo acerca da pretensão essencial (vínculo de emprego) formulada pelo autor.

Segue-se que, quando o órgão da jurisdição não se convencer da alegada relação de emprego, deve rejeitar o pedido feito pelo autor; nunca declará-lo carecente da ação, em virtude de suposta ilegitimidade *ad causam* do réu.

Em termos concretos, aliás, a sentença não deve dizer — quando nega acolhimento às pretensões do autor — que a relação jurídica material teria sido de natureza civil, comercial e o mais: à Justiça do Trabalho compete, exclusivamente, declarar se havia ou não a relação de emprego, sem se preocupar em dizer de que natureza era, quando negado o vínculo empregatício. Tem sido procedimento usual, a propósito, quando não se reconhece esse vínculo, ordenar-se a remessa dos autos, digamos, à Justiça comum, por entender-se que a relação material teria sido regida pelo direito civil; esse procedimento se destina, em aparência, a atender ao comando do art. 64, § 3º, do CPC. Nada mais equivocado, contudo, do que agir assim. O que haveria de fazer a Justiça comum diante de uma petição inicial que contém pedidos como: reconhecimento da existência de vínculo de emprego e condenação do réu ao pagamento de indenização, aviso prévio, 13º salários, férias, horas extras etc.? E óbvio que essa petição seria inaproveitável na (e pela) Justiça comum, razão pela qual a Justiça do Trabalho, ao declarar não existente um contrato de trabalho entre as partes, deve — desde que decorrido o prazo para interposição de recurso — determinar, simplesmente, a extinção do processo (que será, como vimos, com exame do mérito) e o consequente arquivamento dos autos, exceto se houver custas a serem cobradas ao autor.

Relação de emprego é, conseguintemente, tema pertinente ao mérito da causa; vem daí que, como dissemos, se a sentença se pronunciar sobre esse pedido estará ingressando no mérito — pouco importando o resultado a que chegue com essa investigação, desafiando, sempre, a ação rescisória.

A oportunidade nos motiva a voltar a atenção a um outro erro doutrinário, que vem amealhando adeptos. Referimo-nos à intelecção que alguns autores vêm tirando do § 1º, do art. 1.013, do CPC, relativo à apelação, e que está assim redigido: "Serão, porém, objeto de apreciação e julgamento pelo tribunal todas as questões suscitadas e discutidas no processo, ainda que não tenham sido solucionadas, desde que relativas ao capítulo impugnado". Calcados naquilo que nos parece ser uma interpretação distorcida desse texto legal, tais autores afirmam que o tribunal do trabalho, ao dar provimento ao recurso interposto da sentença de primeiro grau que negara a existência do vínculo de emprego pretendido pelo autor, deve, ato contínuo, pronunciar-se a respeito dos demais pedidos por ele formulados (indenização, aviso prévio, férias etc.), pois a isso estaria autorizado pelo § 1ºdo art. 1.013, do estatuto processual civil.

Venia concessa, essa corrente de opinião labora no erro fundamental de pensar que, na terminologia científica do processo, o vocábulo **questões** guarde sinonímia com mérito (na expressão literal do art. 1.013, 1º, do CPC). **Questões** representam, quando muito, aspectos do mérito; nunca o mérito em si, como o fundo do processo. Nas ações de relação de emprego o *meritum causae* se apresenta cindido em duas partes: a primeira, que é prejudicial da segunda, envolve o núcleo central da pretensão e se caracteriza por um pronunciamento jurisdicional respeitante à existência ou inexistência dessa própria relação jurídica; a segunda corresponde ao exame dos pedidos de índole geralmente pecuniária que o autor fez, na hipótese de o vínculo empregatício ser reconhecido (= declarado), aí se compreendendo o de indenização, aviso prévio e o mais.

Tanto é mérito a primeira parte mencionada e tanto é autônoma em relação à segunda (embora influa diretamente nesta), que é possível o autor ingressar em juízo para pedir, apenas, uma sentença declaratória da existência de vínculo de emprego, sem postular a condenação do réu ao pagamento de quantias, do mesmo modo como é possível pedir-se uma ação declaratória incidental, sempre que a existência de um contrato de trabalho (nascido pela via tácita) ficar controvertida nos autos. Reconhecemos, todavia, que essa declaratória incidental não vem apresentando interesse de ordem prática, o que não se deve tomar como um veto à sua utilização nos casos concretos.

Pois bem, o que deseja o segmento doutrinário de que estamos a discordar é empreender uma (arbitrária) equiparação das **questões**, de que trata o § 1º, do art. 1.013, do CPC, à segunda parte do mérito, nas ações de relação de emprego. Daí, o erro em que incide.

Quando o acórdão substitui a sentença (CPC, art. 1.008), para declarar a existência de relação dessa natureza, não está apreciando meras questões e sim a parte complementar do próprio *meritum causae*. Como o órgão de primeiro grau não pôde apreciar a segunda parte do mérito — pois a decisão por ele emitida rejeitou o pedido pertinente ao vínculo de emprego —, caberá ao tribunal determinar a devolução (e não "descida", *sic*) dos autos a este juízo, a fim de que possa completar o pronunciamento sobre o mérito, ou, por palavras diversas, completar a prestação jurisdicional.

Não é só isso. Eventual manifestação do Tribunal quanto à segunda parte do mérito poderia implicar injusta supressão de grau jurisdicional. Pensemos, *e. g.*, na possibilidade de o tribunal, declarando a presença de um contrato de trabalho, avançar para condenar o réu ao pagamento de horas extras, aviso prévio, férias etc. Nesse caso, o réu ficaria impedido de discutir o merecimento do acórdão regional, pois o acesso ao recurso de revista ao Tribunal Superior do Trabalho fica bloqueado quando se busca revolver matéria de fato (como seria, seguramente, o caso), segundo dispõe a Súmula n. 126 daquela Corte. Dessa maneira, haveria um só pronunciamento (o do tribunal) sobre a segunda parte do mérito, sem que o demandante vencido pudesse impugná-lo pela via recursal — excluída, é certo, a estrita utilização do recurso extraordinário ou da ação rescisória.

Devolvidos, entretanto, os autos ao juízo de primeiro grau e vindo este a manifestar-se acerca dos pedidos concernentes a horas extras, aviso prévio etc., teria a parte vencida o azo de interpor recurso da sentença — que seria a segunda proferida pelo órgão de primeiro grau. Integralizada, por essa forma, a investigação do mérito da causa, os autos seriam encaminhados ao regional, para reexame, assegurando-se, com isso, o direito de o litigante vencido recorrer, no momento oportuno, de tudo o que foi decidido (se assim pretender) em contraste com os seus interesses.

Fora disso, será cortar cerce o direito da parte de recorrer ordinariamente de todo o conteúdo desfavorável do provimento da jurisdição, além de atribuir ao vocábulo questões uma amplitude que o § 1º,do art. 1.013, do CPC não lhe desejou conceder.

Como poderemos vir a ser interpelados com o objetivo de indicarmos um exemplo em que, no processo do trabalho, teria aplicação o exato sentido dessa regra do processo civil, tomamos a iniciativa proléptica de anteciparmo-nos à crítica. Para não variarmos a situação-tipo, que estivemos até aqui a utilizar como exemplo, admitamos que o autor haja ingressado com ação em que alegue existente uma relação de emprego com o que o réu e que este, além de opor-se a essa pretensão, afirme que a data da vigência do suposto contrato de trabalho, bem como a função exercida pelo autor, o valor de seus salários etc., não eram aqueles mencionados na inicial. O juízo de primeiro grau, porém, não reconhece a existência de relação de emprego entre as partes, tornando-se desnecessária, em razão disso, a apreciação daqueles aspectos (vigência contratual, função, salário e o mais) suscitados pelo réu e debatidos nos autos. Interposto recurso dessa sentença e dando o tribunal provimento ao apelo, para declarar a existência da precitada relação jurídica material, poderia agora a Corte de reexame, com espeque no § 1º, do art. 1.013, do CPC, pronunciar-se a respeito das questões suscitadas pelo réu, perante o juízo de primeiro grau, relativas à vigência do contrato, à função exercitada pelo autor, à remuneração que lhe era paga etc.?

Evidentemente, que sim.

Observe-se que, nessa hipótese, o tribunal ter-se-ia manifestado quanto ao mérito da causa (relação de emprego) e também sobre algumas questões a ele concernentes. Sendo assim, após reconhecer a existência de relação de emprego, deveria ordenar a devolução dos autos ao juízo de primeiro grau, a fim de que julgasse o restante do mérito, representado pelos pedidos de natureza pecuniária (pagamento de horas extras, aviso prévio, férias etc.). Antes disso, contudo, ser-lhe-ia lícito examinar certas questões pertinentes ao contrato de trabalho em si, como: vigência, valor da remuneração e o mais. Questões são apenas questões.

Na vigência do CPC de 1973, escrevemos: "Estes nossos argumentos não teriam sido deitados por terra pelo § 3º, do art. 515, do CPC, introduzido posteriormente pela Lei n. 10.352/2001? Cremos que não. Dispõe essa norma legal que tendo havido recurso da decisão que acarretou a extinção do processo sem julgamento do mérito (CPC, art. 267), o tribunal, ao prover o recurso, "pode julgar desde logo a lide, se a causar versar questão exclusivamente de direito e estiver em condições de imediato julgamento". Não há negar que se trata de um dispositivo revolucionário das tradições, por autorizar o tribunal a apreciar a lide (mérito), sem que o juízo *a quo* o tenha feito, desde que presentes os requisitos indicados por essa norma legal. Suprime-se, no caso, um grau de jurisdição. Para logo, no entanto, devemos dizer que, segundo nossa opinião, esse julgamento *per saltum* do mérito só será possível se houver expresso requerimento do recorrente. A razão é elementar: ao julgar o mérito, o tribunal poderá emitir acórdão desfavorável ao próprio recorrente, por modo a configurar, ainda que de maneira algo *sui generis*, uma *reformatio in peius*. Sendo assim, constituirá risco processual do recorrente o julgamento nos termos do § 3.º, do art. 515, do CPC. Daí, a necessidade de haver requerimento expresso, dele, quanto a isso.

Nossa opinião fica mantida, mesmo na vigência do CPC de 2015, cujo art. 1.013 estabelece: "§ 3º Se o processo estiver em condições de imediato julgamento, o tribunal deve decidir desde logo o mérito quando: I – reformar sentença fundada no art. 485; II – decretar a nulidade da sentença por não ser ela congruente com os limites do pedido ou da causa de pedir; III – constatar a omissão no exame de um dos pedidos, hipótese em que poderá julgá-lo; IV – decretar a nulidade de sentença por falta de fundamentação".

Asseveramos que o § 3º do art. 1.013, do CPC, não infirma a nossa conclusão de que o § 1º do mesmo dispositivo legal não autoriza o tribunal a julgar o restante do mérito (mérito secundário: aviso prévio, 13º salários, férias, horas extras etc.) ao dar provimento ao recurso do autor para declarar a existência de relação de emprego com o réu. É momento de justificarmos essa conclusão. Em primeiro lugar, se o § 1º do art. 1.013 autorizasse o tribunal a julgar o mérito, não haveria necessidade de inserir-se o § 3º, para permitir essa investigação do mérito. O fato de este dispositivo ser aplicável aos casos em que o processo havia sido extinto sem exame do mérito não nos parece relevante para combater a nossa opinião. Em segundo, dentre os requisitos que o § 3º estabelece, para que o tribunal possa realizar o julgamento do mérito, é versar a causa, matéria exclusivamente de direito. Ora, nos processos envolvendo relação de emprego, o que mais há são **fatos**. Desse modo, se o tribunal, ao declarar a existência dessa relação entre as partes, passar, desde logo, ao exame do restante do mérito, acarretará extremas dificuldades processuais ao réu, porquanto este não poderá ingresar com recurso de revista, visando a revolver os fatos da lide, em virtude do contido na Súmula n. 126, do TST. Essa dificuldade não existirá – ao menos em grau tão acentuado – se o recurso for interposto da decisão proferida com fundamento no § 3º, pois, aqui, a matéria será exclusivamente de direito, de tal forma que o vencido não terá, na interposição do recurso de revista, o obstáculo da Súmula n. 126.

Em resumo, entendemos que, no caso do § 1º, do art. 1.013, do CPC, o tribunal, ao dar provimento ao recurso do autor, para declarar a existência de vínculo de emprego com o réu, deverá remeter os autos ao órgão *a quo*, a fim de que este examine os demais temas de mérito, complementando, por esse modo, a entrega da prestação jurisdicional. Não vemos óbice, entrementes, à possibilidade de haver julgamento com fulcro no § 3º, do mesmo Código, nos casos de extinção do processo sem exame do mérito, até porque a lei é muito clara quanto a essa possibilidade (CPC, art. 485).

É recomendável transcrevermos, agora, algumas Súmulas do TST, que versam sobre o tema de que estamos a cuidar:

Súmula n. 192

AÇÃO RESCISÓRIA. COMPETÊNCIA (atualizada em decorrência do CPC de 2015) – Res. 212/2016, DEJT divulgado em 20, 21 e 22.09.2016

I – Se não houver o conhecimento de recurso de revista ou de embargos, a competência para julgar ação que vise a rescindir a decisão de mérito é do Tribunal Regional do Trabalho, ressalvado o disposto no item II. revista, analisando arguição de violação de dispositivo de lei material ou decidindo em consonância com súmula de direito material ou com iterativa, notória e atual jurisprudência de direito material da Seção de Dissídios Individuais (Súmula n. 333), examina o mérito da causa, cabendo ação rescisória da competência do Tribunal Superior do Trabalho. (ex-Súmula n. 192 – alterada pela Res. 121/2003, DJ 21.11.2003) III – Sob a égide do art. 512 do CPC de 1973, é juridicamente impossível o pedido explícito de desconstituição de sentença quando substituída por acórdão do Tribunal Regional ou superveniente sentença homologatória de acordo que puser fim ao litígio. IV – Na vigência do CPC de 1973, é manifesta a impossibilidade jurídica do pedido de rescisão de julgado proferido em agravo de instrumento que, limitando-se a aferir o eventual desacerto do juízo negativo de admissibilidade do recurso de revista, não substitui o acórdão regional, na forma do art. 512 do CPC. (ex-OJ nº 105 da SBDI-2 – DJ 29.04.2003) V- A decisão proferida pela SBDI, em agravo regimental, calcada na Súmula n. 333, substitui acórdão de Turma do TST, porque emite juízo de mérito, comportando, em tese, o corte rescisório. (ex-OJ nº 133 da SBDI-2 – DJ 04.05.2004).

Súmula n. 404

AÇÃO RESCISÓRIA. FUNDAMENTO PARA INVALIDAR CONFISSÃO. CONFISSÃO FICTA. INADEQUAÇÃO DO ENQUADRAMENTO NO ART. 485, VIII, DO CPC DE 1973 - Res. 209/2016, DEJT divulgado em 01, 02 e 03.06.2016

O art. 485, VIII, do CPC de 1973, ao tratar do fundamento para invalidar a confissão como hipótese de rescindibilidade da decisão judicial, referia-se à confissão real, fruto de erro, dolo ou coação, e não à confissão ficta resultante de revelia.

Súmula n. 411

AÇÃO RESCISÓRIA. SENTENÇA DE MÉRITO. DECISÃO DE TRIBUNAL REGIONAL DO TRABALHO EM AGRAVO REGIMENTAL CONFIRMANDO DECISÃO MONOCRÁTICA DO RELATOR QUE, APLICANDO A SÚMULA N. 83 DO TST, INDEFERIU A PETIÇÃO INICIAL DA AÇÃO RESCISÓRIA. CABIMENTO (conversão da Orientação Jurisprudencial nº 43 da SBDI-2) – Res. 137/2005, DJ 22, 23 e 24.08.2005

Se a decisão recorrida, em agravo regimental, aprecia a matéria na fundamentação, sob o enfoque das Súmulas nºs 83 do TST e 343 do STF, constitui sentença de mérito, ainda que haja resultado no indeferimento da petição inicial e na extinção do processo sem julgamento do mérito. Sujeita-se, assim, à reforma pelo TST, a decisão do Tribunal que, invocando controvérsia na interpretação da lei, indefere a petição inicial de ação rescisória. (ex-OJ nº 43 da SBDI-2 – inserida em 20.09.2000)

Súmula n. 412

AÇÃO RESCISÓRIA. SENTENÇA DE MÉRITO. QUESTÃO PROCESSUAL (conversão da Orientação Jurisprudencial nº 46 da SBDI-2) – Res. 137/2005, DJ 22, 23 e 24.08.2005

Pode uma questão processual ser objeto de rescisão desde que consista em pressuposto de validade de uma sentença de mérito. (ex-OJ nº 46 da SBDI-2 – inserida em 20.09.2000)

Súmula n. 413

AÇÃO RESCISÓRIA. SENTENÇA DE MÉRITO. VIOLAÇÃO DO ART. 896, "A", DA CLT (nova redação em decorrência do CPC de 2015) - Res. 209/2016, DEJT divulgado em 01, 02 e 03.06.2016É incabível ação rescisória, por violação do art. 896, «a», da CLT, contra decisão transitada em julgado sob a égide do CPC de 1973 que não conhece de recurso de revista, com base em divergência jurisprudencial, pois não se cuidava de sentença de mérito (art. 485 do CPC de 1973). (ex-OJ nº 47 da SBDI-2- inserida em 20.09.2000)

5. Mérito no processo de execução

Assunto que vem provocando generalizada polêmica doutrinária se refere à existência, ou não, de mérito, no processo executivo.

As transcrições de opiniões doutrinárias sobre o assunto, que a seguir mencionaremos, embora tenha sido expendidas na vigência do CPC de 1973, e anteriormente à Lei n. 11.232/2005 – que realizou um revolucionário **sincretismo**, ao trazer a execução de título judicial para o processo de conhecimento; apesar disso, tais manifestações têm pertinência com o processo do trabalho, pois aqui ainda subsiste a separação do processo de conhecimento em relação ao de execução. Sempre que for o caso, substituiremos as referências feitas a dispositivos do CPC de 1973 pelos seus correspondentes no CPC de 2015, tendo em vista a aplicação no processo do trabalho.

Para Celso Neves, "A coisa julgada [...] é fenômeno próprio e exclusivo da atividade de conhecimento do juiz e insuscetível de configurar-se no plano das suas atividades executórias, consequênciais e consecutivas"(19).

Antônio Cláudio Mariz de Oliveira sustenta que "O novo Código de Processo Civil terminou com a distinção existente na vigência do Código de 1939, entre ações executórias e ações executivas, em sentido estrito. Atualmente, o processo de execução se instaura tendo por base títulos judiciais ou extrajudiciais. No entanto, em ambos os casos, são praticados somente atos de execução, tendentes a tornar concreta a obrigação constante do título. Quer no primeiro, quer no segundo caso, o juiz nada irá decidir, pois nenhuma controvérsia é levada para o processo, a fim de ser elidida"(20).

No parecer de José Carlos Barbosa Moreira, "da cláusula final do art. 162, § 1º ('decidindo ou não o mérito da causa') colhe-se a impressão de que o legislador, ao redigi-lo, tinha os olhos fitos exclusivamente no processo de conhecimento e no cautelar, onde existe 'mérito' a ser apreciado — o que não ocorre na execução, a não ser com referência a matérias que, embora nela inseridas, constituem objeto de atividade tipicamente cognitiva, e às quais correspondem, aí sim, verdadeiros processos incidentes (por exemplo: embargos do devedor)"(21). No CPC de 2015, a sentença é conceituada como "o pronunciamento por meio do qual o juiz, com fundamento nos arts. 485 e 487, põe fim à fase cognitiva do procedimento comum, bem como extingue a execução" (art. 203, § 1º).

Dentre os autores que não admitem a possibilidade da existência de mérito no processo de execução está, também, Humberto Theodoro Júnior, para quem "Na execução forçada propriamente dita não há sentença, a não ser a que declara extinto o processo, que, entretanto, é meramente formal e não contém julgamento de mérito. É que a prestação jurisdicional na espécie não é de declaração, mas de realização de direito do credor"(22).

Discrepando dessa orientação, José Frederico Marques afirma que o processo de execução pode extinguir-se em virtude de solução ou de "composição da lide", como se dá nos casos relacionados pelo art. 794, do CPC, ou porque a tutela jurisdicional invocada pelo credor é inadmissível(23). São dele os argumentos de que "Se o processo encerrar-se em razão dos fundamentos indicados no art. 794, houve composição da lide (destacamos), ou porque a execução atingiu o seu objetivo (art. 794, I), ou porque existente negócio jurídico processual (art. 794, ns. II

(19) *Coisa Julgada civil*. São Paulo: Revista dos Tribunais, p. 501.
(20) *Embargos do devedor*. São Paulo: Edit. José Bushatsky, 1977., p. 106.
(21) *Comentários ao código de processo civil*. 2. ed., Rio de Janeiro: Forense, 1976. , vol. V, p. 226.
(22) *Processo de execução*. São Paulo: Ed. Universidade de Direito, 1975. p. 315.
(23) *Manual...*, p. 316.

e III). De qualquer modo, desaparece *hic et nunc* a responsabilidade patrimonial do devedor, porque pela prestação exigida já não mais responde este último"[24]. Diz ainda o eminente pensador que a sentença a que se refere o art. 795 do Código, ao declarar extinta a execução, faz cessar também o vínculo obrigacional que ligava a prestação à responsabilidade patrimonial do devedor, concluindo que se trata, portanto, "de sentença definitiva que incide sobre relação jurídica material, e cujos efeitos se tornam imutáveis, quando houver a coisa julgada"[25]. O art. 794, do CPC de 1973 (que prevê os casos de extinção da execução) corresponde ao art. 924, do CPC de 2015; o 795, ao 925.

O interesse prático de saber-se se no processo executivo há mérito, ou não, vincula-se à possibilidade de a sentença, aí proferida, ser passível de ação rescisória, nos termos do art. 966, do CPC.

Sabemos que no processo de conhecimento, o pedido do autor se concentra no conseguimento de uma sentença que seja favorável às pretensões por ele deduzidas, ao passo que no de execução o que deseja o credor é o cumprimento da obrigação afeta ao devedor, ou seja, a realização concreta da prestação exigida pelo título executivo.

Em rigor, no processo de execução há mérito, traduzido pela pretensão executiva manifestada pelo credor; o que se passa, na verdade, é que nesse processo não ocorre um pronunciamento do juízo acerca do *meritum*, o que somente será possível em sede de embargos à execução. Cabe esclarecer — para que o nosso ponto de vista seja adequadamente entendido — que os embargos do devedor não constituem incidente da execução, (pois se assim fossem deveríamos admitir a possibilidade de haver mérito na execução) mas, processo autônomo, este de traço incidental.

O princípio a ser observado, portanto, é de que a despeito de haver mérito no processo executivo, o juiz sobre ele não emite decisão, exceto se o devedor se opuser a tal processo, mediante o manejo dos embargos que lhe são próprios. Esse mérito, como dissemos, repousa na pretensão executiva deduzida pelo credor.

Devemos admitir, entrementes, que, por exceção, haverá pronunciamento quanto ao mérito nas situações previstas pelo art. 924 do CPC, importa afirmar, quando se der a extinção desse processo em decorrência: a) de o devedor satisfizer a obrigação (II); b) de o devedor obter, mediante transação ou qualquer outro meio, a extinção total da dívida (III); c) de o credor renunciar ao crédito (IV); d) ocorrer a prescrição intercorrente (V). É que, nessas hipóteses, como impõe

(24) *Idem, ibidem.*
(25) *Idem, ibidem.*

o art. 925, a extinção do processo executivo somente produzirá efeitos quando declarada por sentença.

Com maestria, José Frederico Marques, apanhou a particularidade de que o art. 794 do CPC (art. 924, do CPC de 2015) está para a execução como o art. 269 do mesmo Código (art. 487, do CPC de 2015) está para o processo de conhecimento, bastando verificar que os incs. I, II e III daquele correspondem aos incs. I, II e III deste[26].

Haverá sentença de mérito, nos casos do art. 924 — diz o festejado autor —, porque ela faz cessar o vínculo obrigacional que prendia a prestação exigida pelo credor à responsabilidade patrimonial do devedor[27]. Divergimos, pois, de Theodoro Júnior, quando assevera que a sentença declaratória da extinção do processo executivo é meramente formal, não contendo um julgamento do mérito[28]. Estamos a opinar, pois, que a sentença extintiva do processo de execução, nas situações expressas pelos incs. II a V, do art. 924, do CPC, é rescindível em razão de ser dotada de aptidão bastante para fazer cessar o vínculo obrigacional que ligava patrimonialmente o devedor ao credor.

Estabelecido que, em princípio, não há exame do mérito no processo executivo, salvo: a) nas hipóteses do art. 924; ou b) quando o devedor oferecer embargos, faz-se necessário analisar a natureza da sentença que acolhe os anteditos embargos.

Sempre que os embargos tenham como objeto vícios ou quaisquer outros fatos relativos ao título executivo, a sentença que os acolher fará com que o título executivo se torne insubsistente e, em consequência, o processo de execução não possa ter curso por faltar-lhe o pressuposto legal indispensável, qual seja, o título executivo. Via de consequência, cumpre ao juiz proferir a sentença declaratória da extinção desse processo — sentença que não se assemelha à mencionada pelo art. 925 do CPC, na medida em que não possui caráter definitivo (põe fim à execução sem solucionar a lide), mas tão só terminativo, isto é, o seu conteúdo é eminentemente processual (= formal).

O que não deve o juiz é, ao rejeitar os embargos apresentados pelo credor, declarar "procedente" a execução; ora, como procuramos clarejar anteriormente, os embargos do devedor não representam um incidente da execução, e, sim, processo autônomo, motivo por que o juiz, ao rejeitá-los, faz com que a execução permaneça íntegra, inabalada, sendo, por isso, produto de mera superfetação anunciá-la "subsistente". Só nas situações em que os embargos

---

(26) Ob. cit., p. 315.
(27) *Idem*, p. 316.
(28) Ob. cit., p. 315.

do devedor são acolhidos é que há repercussão direta no processo executivo, sendo necessário, em face disso, o órgão jurisdicional dizer da extinção desse processo, se for o caso.

Como, tecnicamente, os embargos do devedor caracterizam processo autônomo, ordena a lei que sejam autuados em apenso aos autos do processo principal (CPC, art. 914, § 1º) embora esse procedimento não venha sendo adotado pelos juízes do trabalho, que, no geral, mandam que a petição de embargos seja juntada aos autos em que se processa a execução, sendo que esta, por sua vez, tem curso nos mesmos autos em que foi prolatada a sentença exequenda (processo de conhecimento).

Essa observação é de significativa relevância, pois é de ordem prática porquanto se a norma do art. 914, § 1º, do CPC for aplicada à risca fará com que seja proferida em autos apartados a sentença resolutiva dos embargos do devedor (que se processam nesses autos), uma outra deverá ser emitida nos autos principais (= da execução), em que se declarará a extinção desta, na hipótese de os preditos embargos virem a ser acolhidos integralmente. A "informalidade" que vem assinalando o processo do trabalho tem feito, porém, com que os juízes que o aplicam mandem juntar a petição de embargos nos autos ditos principais e aí mesmo proclamem as consequências da rejeição dessa contrariedade à execução exteriorizada pelo devedor.

5.1. Liquidação e mérito

A difundida expressão sentença de liquidação encerra, a nosso ver, duas impropriedades de natureza científica. Em primeiro lugar, o ato jurisdicional que define o valor da execução não pode ser considerado como sentença, porquanto não põe fim ao processo executivo. Lembremo-nos que, conforme a definição legal sentença é o ato pelo qual o juiz, com fundamento nos arts. 485 e 487, do CPC, põe fim à fase cognitiva do procedimento comum, bem como extingue a execução". O que se vem denominando de **sentença** de liquidação possui, na verdade, caráter de decisão interlocutória, vez que a quantificação do crédito do exequente surge como uma espécie de incidente da execução, daí por que esse ato do juiz melhor se quadra ao conceito estabelecido pelo § 2º, do art. 162, do CPC. A singularidade de o art. 884, § 3º, da CLT, declarar que tal ato não é recorrível de imediato, autonomamente, reforça o argumento de que ele tem caráter interlocutório, sabendo-se que, no processo do trabalho, vigora o princípio da irrecorribilidade das decisões dessa natureza (CLT, art. 893, § 1º). Em segundo, o que se liquida, o que se quantifica não é a sentença exequenda e sim a **obrigação** que nela se contém. Tem-se, assim, que se trata de decisão liquidatária do conteúdo obrigacional do título executivo.

A CLT (art. 884, § 3º), porém, fala em **sentença** de liquidação — erro que acabou sendo sancionado pela doutrina e pela jurisprudência; nem por isso, todavia, está autorizada a sua perpetuação.

No sistema da CLT, somente na oportunidade dos embargos à execução poderá a "sentença" de liquidação ser impugnada, seja pelo devedor, seja pelo próprio credor (art. 884, § 3º)(29). Esta particularidade tem conduzido alguns autores a afirmar que a decisão liquidatária não é rescindível, porquanto pode ser desconstituída pelos embargos do devedor. Essa concepção doutrinária parte, como se percebe, do pressuposto de que o devedor sempre oferecerá embargos, o que não é verdadeiro, como atesta a realidade prática. Demais, o fato de, preliminarmente aos seus embargos, o devedor impugnar a decisão liquidatária não significa que, somente por isso, essa decisão não seja suscetível de ataque pela via rescisória, ainda que em tese. A rescisória, como tantas vezes gizamos, figura como ação autônoma, que instaura uma nova relação jurídica processual, cujo exercício não pode ser, por isso, condicionado ao uso de medidas judiciais anteriores, destinadas a eliminar o vício que a rescisória agora tem em mira. Mesmo que o devedor deixe de oferecer embargos à execução, isso não terá efeito preclusivo do seu direito de ingressar com a ação rescisória, contanto que haja mérito na decisão atacada e tenha ela passado em julgado — respeitada, de qualquer forma, a enumeração feita pelos incisos I a VIII, do art. 966, do CPC.

Na liquidação mediante cálculos, p. ex., será rescindível a decisão que rejeitar a alegação formulada por uma das partes, no sentido de existirem erros (crassos) nos cálculos confeccionados pelo contador. Esse é também o pensamento de Alcides de Mendonça Lima(30), e de José Frederico Marques, que invocando o magistério sempre lúcido de Pereira e Souza, anota que apenas os elementos integrantes do cálculo adquirem força vinculativa da coisa julgada e não o seu resultado aritmético, pois o erro de conta nunca passa em julgado e pode alegar-se a todo tempo, "exceto se sobre ele já houver disputa e sentença" (realçamos)(31). Essa opinião foi perfilhada pelo Supremo Tribunal Federal, como revela a ementa a seguir transcrita: "(a ação rescisória) é o meio processual próprio para a desconstituição de decisão homologatória da liquidação de sentença, ainda que por cálculo do contador, já que a homologação, nessa hipótese, fixa os limites do aresto exequendo; é consequentemente, uma sentença de mérito" (AC, 1ª T., RE-87.109-8-SP, Rel. Min. Cunha eixoto, in DJU de 25.4.80, pág. 2805).

As Súmulas do TST, a seguir reproduzidas, versam sobre o tema do qual estamos a ocupar-nos:

---

(29) Exceto se o juiz fizer uso da faculdade que lhe atribui o § 2º do art. 879, da CLT.
(30) *Comentários ao código de processo civil.* Rio de Janeiro: Forense, vol. VI, t. II. p. 594, 1974.
(31) Ob. cit., p. 68.

Súmula n. 298 do TST

AÇÃO RESCISÓRIA. VIOLAÇÃO A DISPOSIÇÃO DE LEI. PRONUNCIAMENTO EXPLÍCITO (Redação alterada pelo Tribunal Pleno na sessão realizada em 6.2.2012) – Res. 177/2012, DEJT divulgado em 13, 14 e 15.02.2012 I – A conclusão acerca da ocorrência de violação literal a disposição de lei pressupõe pronunciamento explícito, na sentença rescindenda, sobre a matéria veiculada. II – O pronunciamento explícito exigido em ação rescisória diz respeito à matéria e ao enfoque específico da tese debatida na ação, e não, necessariamente, ao dispositivo legal tido por violado. Basta que o conteúdo da norma reputada violada haja sido abordado na decisão rescindenda para que se considere preenchido o pressuposto. III – Para efeito de ação rescisória, considera-se pronunciada explicitamente a matéria tratada na sentença quando, examinando remessa de ofício, o Tribunal simplesmente a confirma. IV – A sentença meramente homologatória, que silencia sobre os motivos de convencimento do juiz, não se mostra rescindível, por ausência de pronunciamento explícito. V – Não é absoluta a exigência de pronunciamento explícito na ação rescisória, ainda que esta tenha por fundamento violação de dispositivo de lei. Assim, prescindível o pronunciamento explícito quando o vício nasce no próprio julgamento, como se dá com a sentença "extra, citra e ultra petita".

Súmula n. 399 do TST

AÇÃO RESCISÓRIA. CABIMENTO. SENTENÇA DE MÉRITO. DECISÃO HOMOLOGATÓRIA DE ADJUDICAÇÃO, DE ARREMATAÇÃO E DE CÁLCULOS (conversão das Orientações Jurisprudenciais nºs 44, 45 e 85, primeira parte, da SBDI-2) – Res. 137/2005, DJ 22, 23 e 24.08.2005

I – É incabível ação rescisória para impugnar decisão homologatória de adjudicação ou arrematação. (ex-OJs nºs 44 e 45 da SBDI-2 – inseridas em 20.09.2000)

II – A decisão homologatória de cálculos apenas comporta rescisão quando enfrentar as questões envolvidas na elaboração da conta de liquidação, quer solvendo a controvérsia das partes quer explicitando, de ofício, os motivos pelos quais acolheu os cálculos oferecidos por uma das partes ou pelo setor de cálculos, e não contestados pela outra. (ex-OJ nº 85 da SBDI-2 – primeira parte – inserida em 13.03.2002 e alterada em 26.11.2002).

Não concordamos, *data venia*, com a orientação contida no item IV da Súmula n. 298, no tocante à insinuação da necessidade de prequestionamento. Conforme pudemos demonstrar, no capítulo VIII, não se justifica esse requisito em sede de ação rescisória. O prequestionamento surgiu, historicamente, jungido aos recursos de natureza extraordinária. A exigência de prequestionamento na mesma relação processual é algo aceitável; o que não se pode conceber é a sua imposição para efeito de exercício da ação rescisória, sabendo-se que esta instaura uma nova relação jurídica processual. Ademais, impor-se esse prequestionamento no âmbito da ação rescisória seria permitir que se tornasse intangível e imutável a coisa julgada material formada contra a própria Constituição da República. Afinal, mesmo sem prequestionamento se pode verificar, em muitos casos, sem maiores esforços, a ocorrência de violação à lei ou à Constituição. Pense-se, por exemplo, em cálculos elaborados pelo contador oficial ou pelo credor, que tenham transbordado, às escâncaras, dos limites objetivos da coisa julgada material, e que não sejam contestados pelo devedor. Nos exatos termos da Súmula n. 298, item IV, não seria cabível a ação rescisória, pois, não existindo impugnação aos cálculos, não haveria, *ipso facto*, prequestionamento. E, assim, em nome desse requisito arbitrário, permitir-se-ia a violação do art. 879, § 1º, da CLT, e, de certo modo, do art. 5º, inciso LIV, da Constituição da República. É verdade que o próprio juiz poderia, *ex officio*, determinar a extirpação do excesso, a fim de amoldar os cálculos aos limites objetivos da *res iudicata*; não menos verdadeiro, porém, é que, em muitos casos, o juiz, por um motivo ou outro, poderia não ordenar essa adequação, fazendo com que, mais tarde, o devedor não pudesse ingressar com ação rescisória, por ausência de prequesrtionamento.

Sendo a liquidação por artigos, a decisão que foi aí proferida fará coisa julgada material, em virtude da (ampla) fase de cognição incidental que assinala essa modalidade de quantificação do conteúdo obrigacional do título executivo. A circunstância de os artigos poderem ser julgados "não provados" — e, em face disso, ser lícito ao credor apresentar outros — não pode ser erigida como fator impediente da utilização da rescisória nos casos em que a decisão julga provados os artigos em questão.

Por fim, na liquidação via arbitramento, a decisão que a aprecia será rescindível na hipótese de tornar líquido o conteúdo da obrigação e, com isso, viável a sentença exequenda(32).

5.2. Arrematação, adjudicação e remição

5.2.1. Arrematação

Sendo a responsabilidade do devedor de natureza patrimonial (CPC, art. 789) , a finalidade da execução por quantia certa reside na expropriação judicial de seus bens, para que o direito do credor seja satisfeito (CPC, art. 824); daí, a necessidade de lhe serem penhorados tantos bens quantos bastem ao pagamento do principal, corrigido monetariamente, e acrescido dos juros da mora, das custas, dos honorários advocatícios e periciais e de outras despesas processuais, legalmente exigíveis (CPC, art. 831).

A expropriação consiste: a) na adjudicação; b) na alienação; c) na apropriação de frutos e rendimentos de empresa ou de estabelecimentos e de outros bens (CPC, art. 825, I a III).

A expropriação em pauta constitui ato que o Estado pratica, por intermédio do juiz, com o objetivo de transferir a outra pessoa bens apreendidos ao devedor, sem o consentimento deste. É errado imaginar, por isso, que essa expropriação integra a espécie dos atos de direito privado, em que o juiz assume o lugar do devedor para autorizar a alienação ou a transferência da coisa

---

(32) Alcides de Mendonça Lima, ob. cit., p. 602.

penhorada. Trata-se, em verdade, de característico ato de *imperium*, que é praticado via tutela jurisdicional; o Estado não vende os bens penhorados, e, sim, os expropria, para atender aos interesses do credor. Inexistindo, pois, compra e venda ou cessão de direitos, o Estado atua aí não na qualidade de representante do devedor, ou de seu substituto, mas de prestador da tutela jurisdicional indispensável para que o ato expropriatório se realize e se consume.

Como clarifica Paula Batista, o único ponto de contacto entre a arrematação e a venda está no fato de verificar-se em ambas a alienação da propriedade, mediante o pagamento de certo preço, em moeda: "mas a venda é um contrato, efeito do livre consentimento, que exprime a vontade dos contratantes, e a arrematação é uma desapropriação forçada, efeito da lei que representa a justiça social no exercício de seus direitos, e no uso de suas forças, para reduzir o condenado à obediência ao julgado; a ideia de que a entrega do ramo representa o consentimento do executado pela interposta pessoa do juiz, é uma ficção fútil e pueril"(33).

A arrematação deve ser documentada em auto, que, nos termos do art. 901, *caput*, do CPC, deverá ser lavrado de imediato. No processo do trabalho, todavia, deve ser aguardado o prazo de 24 horas, para a assinatura. Esse prazo é necessário para que o credor possa requerer a adjudicação, ou o devedor, a remição (Lei n. 5.584/1970, art. 13; CPC, art. 826).

Assinado o auto pelo juiz, pelo escrivão, pelo arrematante e pelo porteiro (ou leiloeiro), considera-se a arrematação perfeita, acabada e irretratável (CPC, art. 903, *caput*).

Cabe, porém, ação rescisória na arrematação?

Em princípio, não, pois inexiste aí ação, processo e sentença (ainda que homologatória). Realmente, não há uma ação de arrematante, em que o licitante vitorioso figure como autor. Nem o preço pode ser equiparado ao pedido ou à pretensão(34). É claro que o juiz, como diretor do processo, participa da arrematação, seja assinando o auto e a carta, seja decidindo acerca da preferência que o art. 893 do CPC estabelece em prol do licitante que se dispuser a arrematar, em conjunto, todos os bens submetidos ao leilão. Ainda aqui não haverá sentença, nos moldes legais (CPC, art. 203, § 1º).

Por outro lado, a irretratabilidade, de que fala o art. 903, *caput*, do CPC, não autoriza a pensar-se que a rescisória é viável na arrematação. É que não sendo o auto uma sentença, a irretratabilidade também não pode ser interpretada como sinônimo de coisa julgada.

---

(33) Compêndio de Teoria e Prática do Processo Civil Comparado com o Comercial, § 184, nota 1.
(34) MARQUES, José Frederico. *Manual de direito processual civil*. São Paulo: Saraiva, 1981. p. 198.

Pelo exposto, conclui-se que a arrematação, como ato judicial que não depende de sentença, deve ser desfeita como os atos jurídicos em geral, como prevê o art. 966, § 4º, do CPC. No mesmo sentido, a Súmula n. 399, do TST: "AÇÃO RESCISÓRIA. CABIMENTO. SENTENÇA DE MÉRITO. DECISÃO HOMOLOGATÓRIA DE ADJUDICAÇÃO, DE ARREMATAÇÃO E DE CÁLCULOS (conversão das Orientações Jurisprudenciais nºs 44, 45 e 85, primeira parte, da SBDI-2) - Res. 137/2005, DJ 22, 23 e 24.08.2005. I - É incabível ação rescisória para impugnar decisão homologatória de adjudicação ou arrematação. (ex-OJs nºs 44 e 45 da SBDI-2 - inseridas em 20.09.2000). II - [...]" (ex-OJ nº 85 da SBDI-2 - primeira parte - inserida em 13.03.2002 e alterada em 26.11.2002).

Os casos em que será possível o desfazimento da arrematação se encontram relacionados nos incisos I a III do § 1º do art. 903, do mesmo Código, a saber: a) invalidada, quando realizada por preço vil ou com outro vício; b) considerada ineficaz, se não for observado o disposto no art. 804; c) resolvida, se não for pago o preço ou se não for prestada a caução. Esses casos, entretanto, não são exaustivos, pois o próprio § 1º, do art. 903, do CPC, antes de especificá-los, esclareceu: "Ressalvadas outras situações previstas neste Còdigo".

Examinemos, agora, não somente as situações especificadas na precitada norma legal, mas, também, outras que ensejam o desfazizmento da arrematação.

a) *Preço vil.* Uma das grandes contribuições do CPC de 2015 à tarefa de aclarar situações jurídicas nebulosas, consistiu em indicar um critério objetivo, pelo qual se possa verificar se o lanço ofertado, no ato de expropriação de bens penhorados, é vil, ou não. Realmente, o CPC de 1973 também vedava a arrematação por preço vil, mas não fornecia nenhum critério a esse respeito. A consequência é que, nomeadamente no plano da Justiça do Trabalho, surgiam muitos incidentes sobre se o preço era vil, ou não, cujo fato levou alguns juízes do trabalho, por ato espontâneo, a fixar entre 25%, 30%, ou mais, o valor abaixo do qual o preço deveria ser considerado vil. O problema é que não havia norma legal a sustentar esse critério. A consequência eram os incidentes a que nos referimos. Pois bem, o art. 891, parágrafo único, do CPC de 2015, considera vil "o preço inferior ao mínimo estipulado pelo juiz e constante do edital, e, não tendo sido fixado preço mínimo, considera-se vil o preço inferior a cinquenta por cento do valor da avaliação". Com fulcro nessa norma legal, podemos extrair as seguintes conclusões: a) o juiz não é obrigado a fixar um preço mínimo, no edital de leilão dos bens penhorados; b) neste caso, o preço não poderá ser inferior a cinquenta por cento da avaliação dos bens; c) caso o juiz decida fixar um preço no edital, este também não poderá ser inferior a cinquenta por cento da avaliação.

Desrespeitadas quaisquer dessas disposições, estará aberta a via para a parte interessada tentar anular a arrematação (**invalidá-la**, segundo o inciso I, do § 2º, do art. 903, do CPC).

b) *Vício de nulidade*. Sendo a praça realizada, v.g., sem prévia intimação do credor (Lei n. 6.830/1980, art. 22, § 2º) ou do devedor (CPC, art. 886) ou estando o arrematante legalmente impedido de licitar (CPC, art. 890, I a VI), configurada estará a nulidade desse ato expropriatório, que, em consequência, poderá ser desfeito pelo interessado (credor, devedor, ou eventualmente terceiro), desde que não possam ser aplicados os princípios da **transcendência** (CLT, art. 794; CPC, art. 282, § 1º); da **instrumentalidade** (CPC, arts. 188 e 277); da **convalidação** (CLT, art. 795; CPC, art. 278) e da **proteção** (CLT, art. 796, "a" e "b"; CPC, arts. 276 e 282, § 2º).

c) *Inobservância do art. 804*. Esta norma legal estabelece:

"A alienação de bem gravado por penhor, hipoteca ou anticrese será ineficaz em relação ao credor pignoratício, hipotecário ou anticrético não intimado.

§ 1º A alienação de bem objeto de promessa de compra e venda ou de cessão registrada será ineficaz em relação ao promitente comprador ou ao cessionário não intimado.

§ 2º A alienação de bem sobre o qual tenha sido instituído direito de superfície, seja do solo, da plantação ou da construção, será ineficaz em relação ao concedente ou ao concessionário não intimado.

§ 3º A alienação de direito aquisitivo de bem objeto de promessa de venda, de promessa de cessão ou de alienação fiduciária será ineficaz em relação ao promitente vendedor, ao promitente cedente ou ao proprietário fiduciário não intimado.

§ 4º A alienação de imóvel sobre o qual tenha sido instituída enfiteuse, concessão de uso especial para fins de moradia ou concessão de direito real de uso será ineficaz em relação ao enfiteuta ou ao concessionário não intimado.

§ 5º A alienação de direitos do enfiteuta, do concessionário de direito real de uso ou do concessionário de uso especial para fins de moradia será ineficaz em relação ao proprietário do respectivo imóvel não intimado.

§ 6º A alienação de bem sobre o qual tenha sido instituído usufruto, uso ou habitação será ineficaz em relação ao titular desses direitos reais não intimado".

Não sendo obedecidas quaisquer das disposições do art. 804, a arrematação poderá ser considerada **ineficaz** (CPC, art. 903, § 1º, II).

d) *Se não for pago o preço ou prestada a caução*. Deixando o arrematante de complementar o preço, nas 24 horas que se seguirem ao encerramento do leilão, não só será desfeita a arrematação como o arrematante perderá, em favor da execução, o sinal de 20% que havia depositado para garantir o lanço (CLT, art. 888, § 4º), retornando à expropriação os bens apreendidos.

e) Essa indicação é importante, a fim de que o interessado em arrematar o bem saiba, **Quando o edital deixar de indicar, dentre outras coisas, a existência de ônus real a gravar os bens penhorados (se este for o caso)**, previamente, da existência desse gravame. Omisso o editam a esse respeito, o arrematante poderá tentar obter a nulidade da arrematação.

e) *No caso de que se ocupa o art. 889 do CPC.* Dispõe este preceptivo legal:

"Serão cientificados da alienação judicial, com pelo menos 5 (cinco) dias de antecedência:

I — o executado, por meio de seu advogado ou, se não tiver procurador constituído nos autos, por carta registrada, mandado, edital ou outro meio idôneo;

II — o coproprietário de bem indivisível do qual tenha sido penhorada fração ideal;

III — o titular de usufruto, uso, habitação, enfiteuse, direito de superfície, concessão de uso especial para fins de moradia ou concessão de direito real de uso, quando a penhora recair sobre bem gravado com tais direitos reais;

IV — o proprietário do terreno submetido ao regime de direito de superfície, enfiteuse, concessão de uso especial para fins de moradia ou concessão de direito real de uso, quando a penhora recair sobre tais direitos reais;

V — o credor pignoratício, hipotecário, anticrético, fiduciário ou com penhora anteriormente averbada, quando a penhora recair sobre bens com tais gravames, caso não seja o credor, de qualquer modo, parte na execução;

VI — o promitente comprador, quando a penhora recair sobre bem em relação ao qual haja promessa de compra e venda registrada;

VII — o promitente vendedor, quando a penhora recair sobre direito aquisitivo derivado de promessa de compra e venda registrada;

VIII — a União, o Estado e o Município, no caso de alienação de bem tombado.

Parágrafo único. Se o executado for revel e não tiver advogado constituído, não constando dos autos seu endereço atual ou, ainda, não sendo ele encontrado no endereço constante do processo, a intimação considerar-se-á feita por meio do próprio edital de leilão".

Em síntese, infringida a disposição contida no *caput* do art. 889, do CPC, quaisquer das pessoas mencionadas nos incisos I a VIII dessa norma poderá tentar obter o desfazimento da expropriação.

Até aqui, dedicamo-nos a demonstrar os argumentos que embasam nossa afirmação, feita no início deste item, no sentido de que, em princípio, a rescisória não incide na arrematação.

Apenas em situações extremamente excepcionais essa regra ficará afastada, como se dará, p. ex., quando houver embargos de terceiro (CPC, art. 674). Nessa hipótese, a decisão que os resolver será rescindível, pois sendo ditos embargos autêntica ação autônoma, ajuizada por aquele a quem a lei atribui legitimidade para isso, a decisão que os apreciar solucionará um conflito estabelecido entre o autor e o arrematante. É ação de natureza constitutiva, pois tende à obtenção de um pronunciamento jurisdicional que, desfazendo a arrematação, atribua ao autor (devedor, fiador) o direito de não mais ser compelido ao pagamento da quantia que consubstancia a obrigação refletida no título executivo.

Acrescenta Luís Eulálio de Bueno Vidigal que a ação rescisória igualmente não será necessária àquele que não foi parte nos embargos: "Assim, apresentados embargos de terceiro e afinal repelidos por sentença regular, o executado que quiser anular a arrematação não precisa recorrer à ação rescisória"[35]. Mesmo que haja sentença relativa aos embargos do devedor ou de terceiro, por não ter sido o credor hipotecário intimado para a praça, este poderá conseguir, mediante ação ordinária, a anulação da venda (*sic*) judicial: "Não precisará recorrer à ação rescisória, remédio do qual, aliás, não se poderia servir pela simples razão de não ter sido parte no processo" (*ibidem*).

5.2.2. *Adjudicação*

A adjudicação é legalmente apontada como uma das formas de pagamento ao credor (CPC, art. 904, II); vista sob outro ângulo, contudo, é meio de aquisição da propriedade. Ao lado da arrematação, representa um dos modos de expropriação judicial dos bens penhorados ao devedor.

O auto que lhe corresponde constitui o instrumento de documentação formal desse ato expropriatório, devendo ser lavrado — como ocorre com o auto de arrematação — após o decurso das 24 horas que se seguirem ao encerramento da praça. A carta de adjudicação é o documento pelo qual o adjudicatário prova a sua propriedade sobre os bens nela descritos; é com essa carta que ele irá aperfeiçoar a transferência da propriedade da coisa, para seu nome, transcrevendo-a no Registro de Imóveis ou registrando-a nas repartições ou órgãos a que faz menção o art. 14, II e III, da Lei n. 6.830/1980.

A adjudicação é rescindível?

Separemos os casos.

Havendo um só pretendente à adjudicação, esta ser-lhe-á concedida independentemente de sentença, sendo bastante, para isso, a lavratura do auto, que será assinado pelo juiz, pelo escrivão, pelo adjudicatário e pelo porteiro (ou leiloeiro); logo, nesta hipótese não haverá lugar para a ação rescisória, podendo a adjudicação ser desfeita como o são os atos jurídicos em geral, segundo dilucida o art. 966, § 4º, do CPC.

Dispõe a Súmula n. 399, do TST: "[...] I – É incabível ação rescisória para impugnar decisão homologatória de adjudicação ou arrematação". Certamente, esta Súmula está levando em conta, apenas, a situação que acabamos de examinar, ou seja, em que há somente **um** pretendente à adjudicação (ou à arrematação). Havendo licitação entre credores a adjudicação deve ser deferida mediante decisão interlocutória – que, por isso, é rescindível em tese. Justifiquemos a nossa opinião.

---

(35) *Comentários ao código de processo civil*. 2. ed. São Paulo: Revista dos Tribunais, 1976. vol. VI., p. 162.

Caso compareçam à praça diversos licitantes, que ofereçam preços idênticos, caberá ao juiz observar o procedimento traçado pelo art. 876, § 6º, do CPC, deferindo, mediante decisão de caráter interlocutório, a adjudicação, em caso de igual oferta, ao cônjuge, ao companheiro, ao ascendente ou ao descendente. Essa licitação caracteriza um incidente da adjudicação; por isso, dissemos que o ato jurisdicional que o dirime tem nítido perfil de decisão interlocutória (CPC, art. 203, § 2º) A despeito disso, a decisão em exame poderá ser atacada, excepcionalmente, por de agravo de petição (CLT, art. 897, a). Decorrido esse prazo, sem que o recurso tenha sido interposto, forma-se a coisa julgada material, cujos efeitos somente poderão ser desconstituídos pela via rescisória. O mérito, na espécie, estará configurado pelo conflito de interesses estabelecido entre os diversos pretendentes à adjudicação. A decisão judicial, aqui, não é homologatória de coisa alguma, refletindo, ao contrário, um ato estatal de solução de um conflito subjetivo de interesses surgido incidentalmente no processo de execução.

Se a adjudicação foi deferida em razão de haver um só pretendente, não há que se falar em decisão (sob os aspectos da forma e do conteúdo), pois o que se terá é apenas a carta de adjudicação, como simples ato judicial de documentação da transferência da propriedade dos bens ao adjudicatário.

5.2.3. Remição

Antes de os bens serem adjudicados ou alienados, o executado pode, a todo tempo, remir a execução, desde que pague ou consigne a importância atualizada da dívida, acrescida de juros, custas e honorários advocatícios (CPC, art. 826).

Em tema de desfazimento da remição, podem ser aproveitadas, *mutatis mutandis*, as considerações que expendemos quanto à adjudicação. Assim, em linhas gerais, quando houver um só pretendente, o pedido será deferido independentemente de sentença e o ato poderá ser desmanchado mediante ação anulatória (CPC, art. 966, § 4º); havendo, no entanto, mais de um pretendente e surgindo controvérsia (= conflito de interesses) entre eles, torna-se indispensável o proferimento de decisão (de natureza interlocutória), que a solucione. Essa decisão será rescindível se se verificarem quaisquer das situações relacionadas no art. 966, incs. I a VIII, do CPC.

6. Mérito nos recursos

Pelo quanto temos observado, os próprios tribunais — aí incluídos os do trabalho — ainda não conseguiram desvencilhar-se da arraigada equivocação de considerar como "preliminares" certas questões que, em rigor, fazem parte do mérito do recurso.

Justifiquemo-nos.

Com mérito queremos designar a pretensão que dá conteúdo ao recurso. Essa pretensão pode coincidir, ou não, com a que levou o autor a propor a ação. No agravo de instrumento, v.g., o seu mérito jamais coincidirá com o da causa, pois a pretensão que caracteriza essa modalidade recursal reside na consecução de um provimento que elimine a decisão proferida pelo órgão de primeiro grau, denegatório do recurso interposto (CLT, art. 897, "b"). Daí, a acentuada vocação liberatória, que anima o agravo de instrumento trabalhista. Fica fácil perceber, portanto, a diferença existente entre a pretensão dirigida ao tribunal por meio desse agravo e aquela que foi deduzida perante o órgão de primeiro grau.

No recurso ordinário (CLT, art. 895), a sua pretensão (= mérito) pode coincidir, ou não, com o da causa. Se no recurso se pede, exclusivamente, que a Corte de revisão se pronuncie sobre o mérito apreciado pelo órgão inferior, a coincidência de méritos está evidenciada. Caso, entretanto, em grau de recurso se pleiteie a anulação da sentença (ou de todo o processo em que ela foi proferida), em virtude de vício que a contamina, é elementar que não haverá coincidência de méritos; o mesmo se diga quando a sentença deixa de apreciar o *meritum causae* e o que se pede, no recurso, é exatamente que o mérito seja examinado: a diversidade de méritos é manifesta.

Não estamos asseverando que inexistam preliminares no plano dos recursos, e, sim, que muitas vezes o próprio tribunal se deixa iludir por "falsas preliminares" do apelo. Digamos que o autor alegue que o recurso interposto pelo réu está deserto, por não ter sido feito o preparo (CLT, arts. 789, § 1º e 899, § 1º), pretendendo, com isso, que não seja conhecido: nesta hipótese temos, inegavelmente, uma preliminar recursal autêntica. Quando, porém, o réu alega cerceamento (melhor: restrição) de defesa (por não lhe ter o juiz permitido produzir determinada prova) e pede, em consequência, a declaração de nulidade do processo e, além disso, discute o mérito da causa (para o caso de a arguição de nulidade não ser acolhida pelo tribunal), o que se tem pensado ser "preliminar" de nulidade é, isto sim, matéria que pertence ao mérito do recurso.

Logo, ao proclamar o resultado do julgamento, o tribunal incorrerá em comprometedor deslize técnico se valer-se de construções fraseológicas como "rejeitar a preliminar de nulidade por cerceamento de defesa e, no mérito, dar (ou negar) provimento ao recurso para[...]". Se a Corte quiser prestar homenagem à ciência do processo, melhor será que, na hipótese, diga "dar (ou negar) provimento ao recurso", pois tanto a arguição de nulidade do processo quanto o ataque direto à sentença são lados homólogos de um mesmo prisma.

Regra geral, as preliminares típicas dizem respeito aos pressupostos — subjetivos e objetivos — indispensáveis à admissibilidade dos recursos; fora disso, quase sempre o que se supõe ser uma preliminar é, verdadeiramente, um elemento fragmentário do mérito do recurso (= pretensão à "reforma" do julgado). Tanto isso é exato que quando o tribunal acolhe uma tal "preliminar", o faz para dar provimento ao recurso e, em razão disso, emitir um decreto de nulidade da sentença. Por outras palavras, o que faz a Corte de revisão é pronunciar-se sobre parte do merecimento do recurso, de maneira favorável às pretensões do recorrente; como poderia, em outra situação, pronunciar-se de modo desfavorável às pretensões deste. Seja lá ou aqui, o *meritum* do apelo terá sido tocado.

7. Mérito e "jurisdição voluntária"

A locução "jurisdição voluntária", de largo uso pela doutrina e pela jurisprudência, e que foi incorporada pelo Código de Processo Civil (art. 719) é, na realidade, uma espécie de monumento à impropriedade científico-terminológica.

Sem embargo, de jurisdição *(iuris + dictio)* não se trata, pois inexistem em tais situações ação, processo, conflito de interesses e sentença de mérito, e, sim, mero procedimento. O que há é administração pública do direito privado, expressão concebida por Zanobini, que Frederico Marques adaptou para "administração pública de interesses privados" — a refletir, com maior fidelidade, a natureza da participação do órgão judicial nesses casos.

De outra parte, não podendo o juiz agir *ex officio*, por força do mandamento estampado no art. 2º do CPC, fica evidente que nada há de voluntário nesse procedimento, que reclama, como sabemos, a iniciativa do interessado.

Esteve rico em razões, portanto, Barão Homem de Mello ao afirmar, sentenciosamente, que "Nada há mais difícil do que desarraigar ideias recebidas e passadas em julgado sem exame".

Não havendo formação de coisa julgada material nesse procedimento, fica afastada a possibilidade de a sentença (CPC, art. 724) ser rescindida, embora possa ser impugnada pela via recursal.

8. Mérito e mandado de segurança

Dispõe a Súmula n. 304 do STF que "Decisão denegatória de mandado de segurança, não fazendo coisa julgada contra o impetrante, não impede o uso da ação própria".

O enunciado da Súmula deve ser, contudo, interpretado em harmonia com outros princípios jurídicos, sob pena de conduzir à imperfeita conclusão de seu real sentido.

A orientação da Súmula em foco somente deverá ser acatada quando o tribunal denegar o mandado de segurança sem invadir o mérito do pedido; quando, ao inverso, a Corte examina o merecimento da pretensão e diz que o impetrante não possui o direito que pensava ter, estaremos diante de um provimento (acórdão) dotado de aptidão para produzir *a res iudicata* material e, conseguintemente, sujeitável à ação rescisória. Assim pensamos porque, ao não reconhecer o direito do impetrante, o acórdão impede, por motivos de ordem lógica e jurídica, que a controvérsia seja reapreciada no plano da ação ordinária (processo de conhecimento).

9. Mérito sem rescisória

Temos sustentado, ao longo deste livro, que somente são rescindíveis os pronunciamentos jurisdicionais de mérito; isso não corresponde a afirmar, entretanto — ao menos com autoridade de princípio —, que todos os julgamentos de mérito são passíveis de ataque por ação rescisória.

Em casos rigorosamente excepcionais, encontramos decisões de mérito insubmissíveis à rescisória, como é o do art. 18, segunda parte, da Lei n. 4.717, de 29 de junho de 1965, que dispõe sobre a ação popular. Declara a norma legal precitada que "A sentença terá eficácia de coisa julgada oponível erga omnes, exceto no caso de haver sido a ação julgada improcedente por deficiência de prova", hipótese em que "qualquer cidadão poderá intentar outra ação com idêntico fundamento, valendo-se de nova prova". Regra semelhante consta do arts.: 16, da Lei n. 7.347/1987 (Ação Civil Pública), e 103, da Lei n. 8.078/1990 (Código de Defesa do Cosumidor).

Quando, pois, a ação popular é julgada "improcedente" (melhor: o pedido é **rejeitado**: CPC, art. 490) por deficiência de provas, conquanto tenha ocorrido um pronunciamento sobre o mérito (= pretensão posta em juízo), tal decisão não terá eficácia de coisa julgada material (logo, não é suscetível de rescisória), tanto que, como diz a lei, qualquer cidadão poderá ajuizar, outra vez, a ação, fazendo uso, desta feita, de novos elementos probantes.

Este exemplo, baseado na ação popular e no Código de Defesa do Consumidor, tem finalidade apenas ilustrativa, porquanto a Justiça do Trabalho é desapercebida de competência para apreciar esse tipo de ação. Entretanto, esta Justiça Especializada é competente para apreciar ações civis públicas.

De qualquer forma, são profundamente escassas as hipóteses em que a sentença de mérito não produz a coisa julgada material, equivale dizer, não se tornam passíveis de arremetidas rescisórias.

Do mesmo modo como há sentenças de mérito não rescindíveis, há aquelas que, a despeito de não haverem examinado o *meritum causae*, impedem novo ajuizamento da ação.

O art. 485 do CPC arrola os casos em que o processo se extinguirá sem investigação do mérito, ao passo que o art. 487, do mesmo Código, relaciona as situações em que o processo se finda com pronunciamento acerca dos temas de fundo da causa.

A separação estabelecida por esses dois artigos não é simplesmente acadêmica, apresentando, sim, relevante interesse de ordem prática, pois, em regra, a extinção do processo nos casos do art. 267 "não obsta a que a parte proponha de novo a ação", como elucida o art. 486, do álbum processual civil. Esse mesmo dispositivo ressalva, contudo, que a nova propositura da demanda estará impedida na hipótese do inc. V, do art. 485, ou seja, quando o juiz acolher a alegação de perempção, litispendência ou de coisa julgada.

Embora a sentença extintiva não haja, nesses casos, examinado o mérito da causa, a lei corta rente a possibilidade de o autor ingressar, novamente, com a ação. Temos aqui, portanto, um exemplo típico de situações em que, nada obstante o pronunciamento jurisdicional não tenha penetrado o *meritum causae*, veda-se à parte o direito de repropor a ação.

Comungamos, porém, da opinião de Arruda Alvim, quando repara que se houver, nas situações de litispendência, depois da extinção do segundo processo, sem julgamento do mérito, também a extinção do primeiro, sem aportamento do *meritum*, a ação poderá ser aforada outra vez[36].

Vamos além.

Opostamente ao que assegura o art. 486, do CPC, entendemos que a extinção do processo decorrente do fato de o réu ser parte ilegítima (carência da ação), conquanto não implique abordada do mérito, inibe novo ajuizamento da ação. A não ser assim, deveríamos admitir a possibilidade de o autor vir a juízo em face do réu tantas quantas fossem as vezes que lhe aprouvesse, pois esse furor, essa ideia obsessiva de litigiosidade estaria autorizada pelo sobredito art. 486 do CPC. O mesmo parecer defendemos no caso de a ilegitimidade dizer respeito ao próprio autor. Não seria sensato permitir que ele, já declarado carecente da ação, voltasse a juízo inúmeras vezes para receber, em cada uma delas, a mesma advertência jurisdicional.

Como estamos a versar sobre condições da ação — segundo a doutrina liebmaniana —, é oportuno aditar que quando o processo se extingue por ser o pedido juridicamente impossível, o autor também não poderá repropor a demanda, vez que a extinção, na espécie, se deu com exame do mérito, não sendo aplicável, portanto, a regra do art. 486, do CPC. Com efeito, se o órgão jurisdicional reconhece haver, no ordenamento legal, um veto à formulação de certo

---

(36) *Dogmática jurídica e o novo processo civil*, in Revista de Processo, n. 1, p. 119.

pedido, e nesse sentido se pronuncia, é de evidência quase ofuscante que haverá julgamento do *meritum causae*. A entender-se de outro modo, estaríamos consentindo que o autor retornasse a juízo com pedido que o Poder Judiciário já afirmou ser juridicamente impossível de ser acolhido.

O próprio Liebman, aliás, reformulou o seu pensamento sobre o assunto, para excluir a possibilidade jurídica do pedido do elenco das condições da ação, por ele idealizadas[(37)].

10. Rescisória sem mérito

Na vigência do CPC de 1973, sustentamos – certamente, em caráter heterodoxo –, a possibilidade de a sentença ou o acórdão ser rescindido sem que tivesse examinado o mérito da causa. É conveniente lembrar que o art. 485, daquele Código, estava assim redigido: "A sentença **de mérito**, transitada em julgado, pode ser rescindida quando: (...)"(destacamos). Nosso entendimento de que, a despeito dessa dicção legal, seria possível o exercício da ação rescisória de determinadas decisões judiciais que não houvessem ingressado no exame do *meritum causae*, era específico em relação ao inciso V, que indicava como uma das causas para a rescisão a violação "a literal disposição de lei". Ora, digamos que determinada Turma de um Tribunal Regional do Trabalho não houvesse admitido um recurso ordinário, por entendê-lo deserto, ao fundamento de que não havia comprovante do pagamento das custas processuais, mencionadas na decisão recorrida. Essas custas, entretanto, teriam sido pagas dentro do prazo legal e o respectivo comprovante constava dos autos. A Turma havia, portanto, incorrido em inegável equívoco ao não admitir o recurso. Que meios o sistema oferecia – e ainda oferece – ao recorrente para tentar reparar esse erro, observando-se que ele deixou de oferecer embargos de declaração? O meio seria o recurso de revista (CLT, art. 896). Essa via, entrementes, seria extremente áspera, considerando-se a necessidade de atendimento a todos os pressupostos – subjetivos e objetivos – indispensáveis à admissão desse recurso de natureza extraordinária, dirigido ao TST. Perguntamos: qual a razão de o legislador de 1973 haver inserido, no elenco das causas de rescindibilidade dos pronunciamentos jurisdicionais, a **violação a literal disposição de lei**, a não ser para preservar a supremacia da ordem legal, tão importante que se revela para a manutenção de um Estado Democrático de Direito, como é este em que se encontra constituída a República Federativa do Brasil (CF, art. 1.º)? Se assim é, e considerando-se que, no exemplo que estamos a utilizar, a Turma do Tribunal violou a lei ao não admitir um recurso, cujo pagamento das custas havia sido realizado e comprovado nos autos, por que não se admitir a rescisão desse

(37) *Manualle di diritto processuale Civile*. 3. ed. Milano: Giuffrè, 1973. vol. I., p. 120.

acórdão? Sob essa perspectiva político-jurídica, que importância tem o fato de o acórdão não haver examinado o mérito do recurso, se, independentemente disso, violou, de modo manifesto, a literalidade da norma legal incidente (CLT, art. 789, § 1º, *in fine*)? No caso, o acórdão seria rescindido para determinar que a Turma admitisse o recurso ordinário, e o julgasse como entendesse de Direito.

Felizmente, o CPC de 2015 apresenta-se, neste ponto, mais arejado do que o anterior, pois admite o exercício da ação rescisória tendo como objeto pronunciamento jurisdicional que não examinou o mérito. É o que consta do seu art. 966, § 2º: "Nas hipóteses previstas nos incisos do *caput*, **será rescindível a decisão transitrada em julgado que, embora não seja de mérito**, impeça: I – nova propositura da demanda; ou II – admissibilidade do recurso correspondente" (destacamos).

11. Mérito e homologação de sentença estrangeira

Qualquer sentença proferida por tribunal estrangeiro somente terá eficácia em território brasileiro se homologada pelo Superior Tribunal de Justiça (CPC, art. 961), que é o órgão provido de competência constitucional para isso (Const. Fed., art. 105, I, "I").

Dispõe o art. 965, do CPC: "O cumprimento de decisão estrangeira far-se-á perante o juízo federal competente, a requerimento da parte, conforme as normas estabelecidas para o cumprimento de decisão nacional. Parágrafo único. O pedido de execução deverá ser instruído com cópia autenticada da decisão homologatória ou do *exequatur*, conforme o caso".

O procedimento pertinente à homologação de decisão estrangeira encontra-se assim disciplinado pelo STJ, em seu Regimento Interno:

> Art. 216-A.
>
> É atribuição do Presidente do Tribunal homologar decisão estrangeira, ressalvado o disposto no art. 216-K.
>
> § 1º Serão homologados os provimentos não judiciais que, pela lei brasileira, tiverem natureza de sentença.
>
> § 2º As decisões estrangeiras poderão ser homologadas parcialmente.
>
> Art. 216-B.
>
> A decisão estrangeira não terá eficácia no Brasil sem a prévia homologação do Superior Tribunal de Justiça.
>
> Art. 216-C.
>
> A homologação da decisão estrangeira será proposta pela parte requerente, devendo a petição inicial conter os requisitos indicados na lei processual, bem como os previstos no art. 216-D, e ser instruída com o original ou cópia autenticada da decisão homologanda e de outros documentos indispensáveis, devidamente traduzidos por tradutor oficial

ou juramentado no Brasil e chancelados pela autoridade consular brasileira competente, quando for o caso.

Art. 216-D.

A decisão estrangeira deverá:

I – ter sido proferida por autoridade competente;

II – conter elementos que comprovem terem sido as partes regularmente citadas ou ter sido legalmente verificada a revelia;

III – ter transitado em julgado.

Art. 216-E.

Se a petição inicial não preencher os requisitos exigidos nos artigos anteriores ou apresentar defeitos ou irregularidades que dificultem o julgamento do mérito, o Presidente assinará prazo razoável para que o requerente a emende ou complete.

Parágrafo único.

Após a intimação, se o requerente ou o seu procurador não promover, no prazo assinalado, ato ou diligência que lhe for determinada no curso do processo, será este arquivado pelo Presidente.

Art. 216-F.

Não será homologada a decisão estrangeira que ofender a soberania nacional, a dignidade da pessoa humana e/ou a ordem pública.

Art. 216-G.

Admitir-se-á a tutela provisória nos procedimentos de homologação de decisão estrangeira.

Art. 216-H.

A parte interessada será citada para, no prazo de quinze dias, contestar o pedido.

Parágrafo único.

A defesa somente poderá versar sobre a inteligência da decisão alienígena e a observância dos requisitos indicados nos arts. 216-C, 216-D e 216-F.

Art. 216-I.

Revel ou incapaz o requerido, dar-se-lhe-á curador especial, que será pessoalmente notificado.

Art. 216-J.

Apresentada contestação, serão admitidas réplica e tréplica em cinco dias.

Art. 216-K.

Contestado o pedido, o processo será distribuído para julgamento pela Corte Especial, cabendo ao relator os demais atos relativos ao andamento e à instrução do processo.

Parágrafo único.

O relator poderá decidir monocraticamente nas hipóteses em que já houver jurisprudência consolidada da Corte Especial a respeito do tema.

Art. 216-L.

O Ministério Público terá vista dos autos pelo prazo de quinze dias, podendo impugnar o pedido.

Art. 216-M.

Das decisões do Presidente ou do relator caberá agravo.

Art. 216-N.

A decisão estrangeira homologada será executada por carta de sentença no Juízo Federal competente".

Passando em julgado a decisão homologatória, proferida pelo STJ, entendemos que ela poderá ser objeto de ação rescisória, desde que presentes algumas das causas mencionadas no art. 966, incisos I a VIII, do CPC. Pensamos não ser admissível a ação anulatória, porque esta só pode ser exercida no caso de ato de disposição de direitos, praticado pela parte ou por terceiro, e homologado pelo juiz, ou de atos homologatórios realizados no curso da execução (CPC, art. 966, § 4º). A propósito, ao tempo em que competência para homologar decisão estrangeira era do Supremo Tribunal Federal, este previa, no art. 259, do seu Regimetno Interno, o exercício de ação rescisória da decisão proferida pelo Plenário ou por Turma.

12. Mérito e juízo arbitral

O tema poderia não apresentar maiores interesses de ordem prática, aos estudiosos do processo do trabalho, não fosse a faculdade que a Constituição Federal concede às partes de elegerem árbitros, quando a negociação coletiva não tiver êxito (art. 114, §1º).

Ao contrário do que acontece em outros países, a arbitragem, no Brasil, é facultativa e, no âmbito da Justiça do Trabalho, só é admitida nos denominados **dissídios coletivos**.

Como a CLT nada contém acerca do assunto, tornava-se inarredável a incursão supletiva à Lei n. 9.307, de 23 de setembro de 1996.

Em livro anterior, quando estava a viger o CPC de 1973, lançamos a seguinte indagação: o laudo arbitral é rescindível? Em seguida, respondemos: sem dúvida que sim. Estes foram os nossos argumentos: "Críticos afoitos de nossa opinião poderiam alegar que a sentença homologatória de laudo arbitral seria unicamente anulável, como os atos jurídicos em geral, de acordo com a dicção do art. 486 do CPC. *Venia concessa,* semelhante objeção comete o equívoco de ignorar o esclarecimento feito pelo art. 1.097 do CPC de que "O laudo arbitral, depois de homologado, produz entre as partes e seus sucessores **os mesmos efeitos da sentença judiciária; e contendo condenação da parte, a homologação lhe confere eficácia de título executivo**" (destacamos). O art. 584, III, do mesmo Código, relaciona, aliás, a sentença homologatória de laudo arbitral como título executivo judicial" (*Ação Rescisória,* 5º ed., pág. 139).

E continuávamos:

"Podemos asseverar, pelo exposto, que a sentença homologatória de laudo arbitral produz coisa julgada material, sendo, em consequência, receptiva à ação rescisória. A circunstância de, eventualmente, o compromisso arbitral assumido pelas partes conter a cláusula 'sem recurso' (CPC, arts. 1.075, III e 1.101, parágrafo único), não significa que a sentença homologatória não possa ser atacada por rescisória. O ajuizamento da ação rescisória não está condicionado, em nenhum caso, à prévia exaustão das vias recursais, importa dizer, a que o autor haja exercido, antes (sem sucesso), uma pretensão recursal. Se o compromisso contiver a cláusula 'sem recurso', a nota particular fica por conta do fato de a rescisória poder ser posta em juízo de imediato, isto é, sem que se tenha de esperar o esgotamento (*in albis*) de prazo recursal. Não é correto afirmar que a sentença homologatória, nessa hipótese, transita em julgado no instante em que é publicada; ora, o trânsito em julgado pressupõe a preclusão do prazo para a interposição de recurso ou o exaurimento das vias recursais, situação que, absolutamente, não se verifica em relação à sentença referida, porquanto ela traz em si, no momento em que é revelada ao mundo do processo, o atributo da irrecorribilidade, o veto à impugnação, inscrito em cláusula específica, constante do instrumento de compromisso arbitral" *(ibidem)*.

Ainda:

"A sentença homologatória, de que estamos a nos ocupar — cabe advertir — não possui qualquer parecença com a que é própria da denominada 'jurisdição voluntária' (*sic*), pois enquanto esta se limita a chancelar interesses não litigiosos, aquela se pronuncia, com potestade coercitiva, sobre interesses em antagonismo, motivo por que se equiparam às sentenças de mérito, sendo ambas geratrizes de coisa julgada material; logo, rescindíveis" (*ibidem*).

E concluíamos:

"Pois bem. Conforme afirmamos anteriormente, os arts. 1.072 a 1.1102, do CPC, foram revogados pela Lei n. 9.307/96, que instituiu a arbitragem. Referida norma legal substituiu o laudo pela *sentença* arbitral (art. 23), que conterá, *mutatis mutandis* e de maneira algo simplificada, requisitos de validade semelhantes aos previstos no art. 458, do CPC (art. 26) e que produzirá "entre as partes e seus sucessores, os mesmos efeitos da sentença proferida pelos órgãos do Poder Judiciário e, sendo condenatória, constitui título executivo (art. 31). A nulidade da sentença arbitral pode ser objeto de ação judicial, segundo o procedimento comum (Lei n. 9.307/96, art. 33, § 1º), no prazo de noventa dias, contados da intimação, ou alegada em embargos do devedor (*ibidem,* § 3º)" (ib*Idem*).

O CPC de 2015 em nada altera o nosso entendimento: a sentença arbitral pode ser objeto de ação anulatória, e não, de ação rescisória. Todavia, a sentença ou o acórdão que declarar a nulidade da sentença arbitral pode ser rescindível, se presente alguma das causas indicadas no art. 966, I a VIII, do CPC.

CAPÍTULO XI

SENTENÇAS NULAS, RESCINDÍVEIS E INEXISTENTES

1. Sentenças nulas

O CPC de 1939, ao tratar da ação rescisória, dispunha: "será nula a sentença..." (art. 798; realçamos).

O Código de 1973, em melhor técnica e atendendo às críticas formuladas pela doutrina ao texto anterior, estabelecia: "A sentença de mérito, transitada em julgado, pode ser **rescindida** quando..." (art. 485; destacamos).

O CPC de 2015 também faz referência à **rescisão** (art. 966, *caput*).

A declaração quanto a ser determinado ato jurídico nulo ou anulável é tarefa que compete ao direito material e não ao processual; não é sem razão, portanto, que o Código Civil cuida dessas modalidades de atos nos arts. 167 e 171, respectivamente. Ao direito processual cabe definir quais os **meios** adequados para intentar-se a desconstituição ou o desfazimento desses atos. É por isso que o CPC vigente afirma serem rescindíveis algumas decisões judiciais contaminadas por vícios intrínsecos ou extrínsecos.

Quando o Estado realiza a prestação jurisdicional, e decorre o prazo para a interposição de recurso, três espécies de **decisões** podem surgir: a) as rescindíveis; b) as inexistentes; e c) as não passíveis de rescisão. O vocábulo **decisão**, para os efeitos do art. 966, do CPC, compreende: a) as sentenças; b) os acórdãos; c) as decisões interlocutórias de mérito. Utilizaremos, a seguir, a sentença como objeto de nossa análise a respeito dos atos jurisdicionais rescindíveis, inexistentes e não suscetíveios de rescisão.

2. Sentenças rescindíveis

No geral, a rescindibilidade da sentença (ou do acórdão) decorre de uma nulidade que esteja a contaminá-la. Esse vício pode ser de origem endógena (ou interna) ou exógena (ou externa).

Os vícios endógenos dizem respeito, quase sempre, à inobservância dos requisitos formais indicados no art. 489 do CPC. É sabido que a sentença, como ato jurisdicional de coroamento do processo, deve conter, estruturalmente: 1) o relatório; 2) a fundamentação (ou motivação); e 3) o dispositivo (*decisum*). Em caráter excepcional, fica dispensada do relatório, no processo do trabalho, a sentença emitida nas causas submetidas ao procedimento sumaríssimo (CLT, art. 852-I, *caput*). A ausência de qualquer dessas partes implicará a nulidade da sentença — embora entendamos ser, de *lege ferenda*, perfeitamente dispensável o relatório, nas sentenças em geral, pois se o seu objetivo nuclear é fazer com que o juiz demonstre às partes que compulsou os autos e leu as principais peças que deles constam, esse escopo pode ser alcançado na própria motivação, em que o juiz, em sua atividade de subsunção dos fatos à norma, poderá demonstrar, ainda que implicitamente, haver empreendido um satisfatório exame dos elementos introduzidos nos autos; além disso, tem sido de longa praxe os juízes cometerem a assistentes ou assessores seus o encargo de elaborar o relatório.

A motivação e o dispositivo são, porém, partes essenciais da sentença, motivo pelo qual, mesmo do ponto de vista de eventual alteração legislativa futura, não nos atreveríamos a sugerir que uma delas fosse extirpada.

É na motivação que o juiz irá demonstrar as razões que influíram na formação de seu convencimento jurídico acerca dos fatos narrados na causa; é onde irá proceder à valoração da prova produzida pelos litigantes (CPC, art. 371). Sob certo aspecto, pode-se mesmo sustentar que a motivação se destina, também, a permitir uma avaliação quanto ao respeito judicial ao indeclinável dever de imparcialidade (CPC, art. 139, I). Sentença destituída de fundamentação é ato nimiamente arbitrário. A fundamentação corresponde a uma exigência dos denominados Estados de Direito; é por esse motivo que, em nosso meio, esse conteúdo racional e intelectivo dos julgados foi alteado à categoria da exigência constitucional, como se lê no art. 93, IX, de nossa Carta Suprema: "todos os julgamentos dos órgãos do Poder Judiciário serão públicos, **e fundamentadas todas as decisões**, sob pena de nulidade" (destacamos).

No dispositivo (ou *decisum*) é que o juiz irá proclamar o resultado da atividade de cerebração lógico-jurídica que desenvolveu na fundamentação. O *decisum* reflete, assim, o julgamento em si. Por princípio legal, apenas essa parte da sentença transita em julgado (CPC, art. 504, inciso I).

Não se pode dizer que a fundamentação seja necessária em virtude da possibilidade de a sentença ser impugnada pela via recursal; ora, se fosse assim, deveríamos admitir que aquelas sentenças que a lei faz irrecorríveis já ao nascerem não necessitariam ser fundamentadas. A motivação dos pronunciamentos jurisdicionais decisórios, como argumentamos, é algo que se relaciona, de muito perto, com os Estados de Direito e deve estar sempre presente, ainda que seja o caso de decisões irrecorríveis. Como pondera Barbosa Moreira "É nesse instante que a necessidade de justificação se faz particularmente aguda: O pronunciamento final, exatamente porque se destina a prevalecer em definitivo, e nesse sentido representa (ou deve representar) a expressão máxima da garantia, precisa, mais do que qualquer outro, mostrar-se apto a corresponder à função delicadíssima que lhe toca. Não é admissível que a garantia se esvazie, se despoje de eficácia, no momento culminante do processo mediante o qual é chamada a atuar"[38].

Não é apenas a falta de relatório, de fundamentação ou de dispositivo, que torna nula a sentença, no que concerne aos denominados vícios endógenos; a essa classe de vícios pertencem, igualmente, as sentenças que julgam citra, ultra ou extra petita, porquanto o juiz não só está obrigado a manifestar-se acerca de tudo aquilo que foi postulado pelas partes, mas apenas sobre o que foi postulado. Daí, a advertência feita pelo art. 141, do CPC, de que o juiz deve decidir o conflito de interesses nos limites em que foi submetido à sua cognição, sendo-lhe vedado conhecer de questões, não suscitadas, a cujo respeito a norma legal exige a iniciativa da parte; esse princípio da "congruência" entre o objeto da ação e o conteúdo da sentença, por sua extraordinária relevância, é reiterado pelo art. 492, do mesmo diploma processual, ao afirmar ser proibido ao juiz proferir sentença, a favor do autor, de natureza distinta da solicitada, assim como condenar o réu em quantidade superior ou em objeto diverso do que lhe foi demandado. Vem do direito romano, aliás, a parêmia de que *sententia debet esse conformis libello*.

Academicamente, podemos definir a sentença citra (ou infra) *petita* como a que aprecia menos do que havia sido pedido pela parte. O empregado, v. g., pleiteia horas extras e adicional noturno e a sentença aprecia, unicamente, o pedido de horas extras. O fato de o autor não ingressar com embargos declaratórios para suprir a omissão da sentença não significa que esta tenha ficado escoimada desse vício endógeno. O que se deve deixar claro, entrementes, é a consequência processual para a parte que, devendo fazer uso dos embargos declaratórios para suprir a omissão jurisdicional, não os oferece. Essa consequência: a) no que tange à ação em curso (mesma relação processual) será a preclusão "temporal", que impedirá a parte de postular, perante o tribunal, a declaração de nulidade da sentença; b) será nenhuma, todavia, para efeito de ação rescisória, porquanto esta instaura uma nova relação processual, que não é afetada pela referida preclusão.

Não se pode pensar, entretanto, em sentença *infra petita* quando o juiz, apreciando tudo o que foi submetido ao seu conhecimento, concede menos do que o desejado pela parte. Será *ultra petita* a sentença que conceder mais do que havia sido pedido; seria o caso, e.g., de o autor postular adicional de insalubridade em

---

(38) A motivação das decisões judiciais como garantia inerente ao Estado de Direito, in: *Temas de Direito Processual Civil*. 2ª série. São Paulo: Saraiva, 1980. p. 85.

grau médio e a sentença conceder-lhe em grau máximo. Diz-se *extra petita* da sentença que concede aquilo que nem sequer havia sido pedido: o autor deseja receber aviso prévio e horas extras e a sentença lhe concede, além disso, férias. Tanto no plano dos recursos, quanto no da ação rescisória, a solução jurídica consistirá em extirpar-se o excesso.

Pensamos ser também *extra petita* a sentença que acolhe o pedido por fundamento diverso do indicado pelo autor. Digamos que este pretenda ser reintegrado no emprego, em virtude de ser detentor de estabilidade concedida por instrumento normativo (acordo ou convenção coletiva ou acórdão), e o juiz conceda a reintegração com o fundamento de que embora tais instrumentos normativos não a prevejam, a lei a concede ao autor. Não se suponha que o apotegma romano *Da mihi factum dabo tibi ius* autoriza o juiz a conceder o pedido por fundamento diverso do indicado na inicial; o que esse aforisma está a significar é que à parte incumbe narrar o fato e ao juiz, aplicar a regra de direito pertinente. Quando, no entanto, a parte ingressa em juízo e fundamenta o seu pedido em norma legal que não lhe atribui o direito imaginado, não é lícito ao juiz acolher o pedido mediante a invocação do preceito legal que entende cabível, pois não se pode ignorar o fato de o réu haver apresentado a sua defesa com base nos fatos alegados na inicial, de tal arte que a atitude do juiz, consistente em alterar o fundamento jurídico do pedido, poderá acarretar grave lesão à garantia constitucional da ampla defesa. Por outro lado – para retomarmos o exemplo do pedido de reintegração —, se o juiz indeferir o pedido, sob o argumento de que nenhum instrumento normativo dá ao autor a estabilidade no emprego por ele alegada, este poderá voltar a juízo para formular o mesmo pedido, fazendo-o, agora, por fundamento diverso do anterior (em norma legal, digamos).

Reconhecemos que o assunto examinado comporta grande controvérsia doutrinária; em todo caso, visando a contribuir para o acertamento da matéria, deixamos, desde logo, exarada a nossa opinião a respeito.

Haverá vício exógeno, a comprometer gravemente a sentença, quando esta emanar de processo nulo.

Doutrinariamente, se tem feito a separação dos pressupostos de existência do processo e dos de validade. Os primeiros compreendem: a) jurisdição; b) partes; e c) citação regular; os segundos — também ditos pressupostos negativos — se referem à inexistência de: a) incompetência absoluta (CPC, art. 337, II); b) inépcia da inicial (CPC, art. 337, IV); c) perempção (CPC, art. 337, V); d) litispendência (CPC, art. 337, VI); e) coisa julgada (CPC, art. 337, VII); f) conexão (CPC, art. 337, VIII); g) incapacidade de parte, defeito de representação e falta de autorização (CPC, art. 337, IX); h) causas suspensivas ou extintivas (CPC, arts. 485 e 487).

Entendemos que se a sentença for lançada em processo a que tenha faltado um (ou mais) dos pressupostos de existência ela será, *ipso facto*, inexistente e não nula, exceto no que concerne à citação; das sentenças inexistentes cuidaremos no próximo item.

Serão nulas, todavia, as sentenças lançadas em processos que não tenham atendido aos pressupostos de sua validade (v. enumeração supra).

É de grande importância enfatizar que em nosso sistema jurídico o nulo passa em julgado, razão por que as sentenças assim viciadas somente podem ser desconstituídas por ação rescisória — contanto que hajam apreciado o mérito da causa. A ressalva é necessária para esclarecer que se a sentença determinar a extinção do processo em decorrência, p. ex., de perempção, de litispendência, de coisa julgada, ou mesmo de inépcia da inicial, de incapacidade da parte ou falta de representação etc., não ensejará ataque pela via rescisória, vez que não apreciou o *meritum causae*; se, ao contrário, a sentença ingressasse na apreciação do mérito, mesmo que não estivessem presentes os pressupostos de validade do processo, aí sim ela seria rescindível. Em tema de ação rescisória, em princípio, nunca devemos nos afastar do rumo estabelecido pelo *caput* do art. 966, do CPC, em que a alusão ao mérito é inequívoca. Não negamos, contudo, a possibilidade de esse afastamento estar justificado por alguma particularidade relevante, como quando, a despeito de a decisão não haver examinado o mérito da demanda, haja causado manifesta violação à lei ou à Constituição e impeça, sob a perspectiva lógica, a nova propositura da ação.

No início deste capítulo, dissemos que, no geral, a rescindibilidade da sentença está ajoujada a uma causa nulificante; falávamos aí em grau de princípio, como bem revela a expressão sublinhada.

Pode acontecer, todavia, de a sentença de mérito, em situações excepcionais, ser passível de rescisão sem que possua algum vício (endógeno ou exógeno). Exemplifiquemos com o inciso VII, do art. 966, do CPC, que permite o exercício da rescisória toda vez que o autor, após o proferimento da sentença rescindenda, obtiver prova nova, cuja existência ignorava, ou de que não pôde fazer uso, capaz, por si só, de lhe assegurar um pronunciamento favorável. Nessa hipótese, a sentença, ainda que escorreita, tanto do ponto de vista de forma quanto de conteúdo, será rescindível por motivo que se pode considerar superveniente a ela. Por outra forma de expressão: poderá ser desconstituída ainda que não possua nenhum vício endógeno ou exógeno. A rescindibilidade, aqui, deriva, simplesmente, de uma vontade da lei, sem que entrem em conta fatores ligados a falhas processuais ou a defeitos da sentença.

3. Sentenças inexistentes

Lei e doutrina brasileiras não têm dedicado maiores atenções ao delicado problema das sentenças inexistentes. O CPC de 1973, em raríssimas ocasiões, fez menção a atos inexistentes; uma delas estava no art. 37, parágrafo único (os atos praticados por advogado desprovido de mandato, quando não ratificados no prazo de quinze dias, "serão havidos por inexistentes").

O CPC de 2015, ao dispor sobre o assunto, declara que se o ato praticado por advogado, sem procuração, não for ratificado, será considerado *ineficaz* (art. 104, § 2º).

Não pretendemos elaborar aqui um tratado sobre a matéria e sim escrever o suficiente para libertá-la de certas imprecisões doutrinárias e para torná-la entendível em face da ação rescisória — que ela repele.

Classicamente, a doutrina vem indicando como sentenças inexistentes as que são proferidas por quem não é juiz (nesse caso, a aparente sentença foi emitida em processo a que falta um dos pressupostos para a sua existência, a jurisdição).

Quanto à citação, a despeito de figurar como um dos pressupostos de existência do processo, julgamos que a sua realização de forma contrária à lei será causa de nulidade e não de inexistência do processo. Enuncia, a propósito, o art. 280 do CPC que a citação (assim como a intimação) será nula quando feita sem observância das prescrições legais. Caso, porém, não tenha havido citação, estaremos diante de ato inexistente e inexistente será, por isso, a sentença que for prolatada nesses autos. Clarifiquemos, pois, o nosso parecer: se houve citação (embora de maneira irregular), a sentença será nula porque proveniente de processo nulo; se, entretanto, não houve citação, quer nos parecer, por uma questão de ordem não só jurídica, mas também lógica, que a sentença aí tirada será **inexistente**, pelo fato elementar de o processo haver-se ressentido da falta de um dos pressupostos indispensáveis à sua própria existência.

A citação, portanto, poderá ser causa de nulidade ou de inexistência do processo; logo, da sentença que lhe põe fim.

Esta quase oposição que estamos a fazer dos atos nulos aos inexistentes teria algum interesse prático, ou seria, apenas, produto de lucubrações tipicamente acadêmicas?

É indiscutível que há um acentuado interesse de cunho prático nessa separação. Basta atentar ao fato de que enquanto as sentenças nulas passam em julgado e, consequentemente, só podem ser desconstituídas pela ação rescisória, as inexistentes, como não-ato, em rigor não se submetem ao fenômeno das *res iudicata* material, podendo ser objeto, a qualquer tempo, de ação declaratória (de inexistência), com fulcro no art. 19, I, do CPC.

Não se pode considerar, contudo, inexistente a sentença que venha a ser proferida no mesmo processo em que já tenha sido emitida sentença anterior, sobre o mesmo assunto. A nosso ver, a segunda sentença deve ser atacada mediante ação rescisória, pois o seu proferimento transgrediu a regra legal de que "Nenhum juiz decidirá novamente as questões decididas, relativas à mesma lide[...]" (art. 505, do CPC); sendo assim, a rescisória seria viável com fundamento no inc. V, do art. 966, do estatuto processual civil, porquanto a hipótese configuraria, à perfeição, a manifesta violação de norma jurídica.

A sentença proferida em processo em que haja litisconsórcio necessário sem que todos os litisconsortes tenham sido citados, será nula ou inexistente?

Antes de respondermos a essa indagação, devemos esclarecer que o regime litisconsorcial do tipo unitário, que se ocupa o art. 116, do CPC, se caracteriza pelo fato de a decisão de mérito ter de ser uniforme para todos os litisconsortes. O litisconsórcio necessário é o que, pela natureza da relação jurídica controvertida, exige a citação de todos aqueles que devem integrar a mesma relação processual, sob pena de a sentença não ser eficaz (art. 114).

Em princípio, seria de pensar-se que a sentença emitida em regime litisconsorcial do tipo necessário seria inexistente se nem todos os litisconsortes tivessem sido citados; incide aqui, todavia, uma regra de temperamento. Essa falha poderá ser sanada no caso de o litisconsorte não citado vir a juízo espontaneamente. Conforme dispõe o art. 239, § 1º, do CPC: "O comparecimento espontâneo do réu ou do executado supre a falta ou a nulidade da citação, fluindo a partir desta data o prazo para apresentação de contestação ou de embargos à execução".

A solução que damos à espécie é análoga à que o art. 104, § 2º, do mesmo álbum processual civil dispensa à hipótese de o advogado praticar nos autos certos atos, sem que esteja munido do necessário mandato: se tais atos forem ratificados no prazo de quinze dias (prorrogáveis por mais quinze), serão reputados validados; caso contrário, serão tidos como **ineficazes**.

Sem nos afastarmos do assunto de que estamos a cuidar, perguntamos: a sentença proferida em litisconsórcio necessário, em que alguns dos litisconsortes não tenham sido citados (nem compareçam espontaneamente a juízo, para esse fim), seria objeto de ação rescisória, ou de ação declaratória de inexistência? Conquanto se verifique uma certa tendência doutrinária de propender para a primeira ação, coerentes com as opiniões que até aqui manifestamos, entendemos que seria cabível a ação anulatória, porquanto a sentença teria sido prolatada em processo a que faltaria um pressuposto essencial à sua existência: a citação necessária da universalidade das pessoas consorciadas na lide.

Como *nihil* jurisdicional, a sentença deve, pois, ser declarada e não rescindida. Só se rescinde o que existe, embora nulamente.

Dúvida, que igualmente vem tomando de assalto a inteligência doutrinária, respeita a ser cabível ação rescisória ou ação declaratória de inexistência da sentença proferida em processos em que não estivessem presentes as condições da ação: legitimidade *ad processum*, interesse de agir e possibilidade jurídica do pedido (CPC, arts. 17 e 485, VI).

Cândido Dinamarco entende que o vício seja de nulidade[(39)]; desta maneira, seria admissível a ação rescisória. Pensamos de forma diversa. Se as condições indispensáveis para o regular exercício do direito de ação não se encontravam presentes, a sentença que, ignorando essa falha, solucionasse o conflito de interesses, seria inexistente e não nula, a desafiar, com isso, ação declaratória de inexistência. Liebman defende igualmente esse ponto de vista, argumentando que em situações como a examinada não teria havido, na realidade, atividade jurisdicional autêntica, e, sim, mera aparência de jurisdição[(40)].

Calham muito bem aqui as palavras de Ovídio Baptista da Silva, no sentido de que, a entender-se de modo distinto, teríamos de aceitar a existência de um processo "que todos tocam, que tramita pelos escaninhos dos cartórios e com base no qual as estatísticas mensais que o magistrado registra, podem, até mesmo, granjear-lhe uma promoção por merecimento — **mas que não passa de um fantasma, onde não existe atividade jurisdicional**" (destacamos)[(41)].

À guisa de ilustração, indiquemos, a seguir, mais alguns casos de sentença inexistente:

1. a que é pronunciada contra pessoa que não existe;
2. a que não é publicada;
3. a que não é assinada pelo juiz (não tendo a falta sido suprida);
4. a que é proferida oralmente;
5. a que é proferida por juiz aposentado ou afastado do exercício das funções;
6. a que é proferida sem que haja petição inicial.

Conforme dissemos em linhas anteriores, as sentenças inexistentes representam uma categoria de pronunciamentos jurisdicionais que não mereceu, até os dias da atualidade, uma profundidade de tratamento, pela norma legal e pela doutrina, que a importância do assunto reclama.

---

(39) *Litisconsórcio*. São Paulo: Revista dos Tribunais, 1974. p. 188.

(40) L'azione nella teoria del processo civile. *Problemi del processo civile*. Nápoles: Morano, 1942. p. 47.

(41) Ação de execução, in: *Repertório Enciclopédico do Direito Brasileiro*. São Paulo: Revista dos Tribunais.

As observações conclusivas, que agora expenderemos, não têm a ousadia de pretender preencher essa imensa lacuna, mas apenas reduzir — ainda que inexpressivamente — as suas dimensões preocupantes.

a) A sentença inexistente corresponde a um não ato, a um *nihil* jurisdicional, por lhe faltar um mínimo de requisitos indispensáveis à sua existência. Esse vício pode decorrer de fatores endógenos (= originados pela própria sentença) ou exógenos (= provenientes de fatos externos à sentença e anteriores a ela, como se dá na hipótese de ser emitida em processo inexistente).

b) Como ato inexistente, a sentença não passa em julgado, não produz coisa julgada material, motivo por que deve ser objeto de ação declaratória de inexistência, com espeque no art. 19, I, do CPC ("inexistência de relação jurídica", como conteúdo do interesse do autor), e não de ação rescisória.

Isso importa dizer que a ação declaratória de inexistência de sentença pode ser ajuizada a qualquer tempo, ou seja, mesmo depois de exaurido o prazo decadencial de dois anos para o exercício da pretensão rescisória — que, segundo demonstramos, é inadmissível na espécie.

c) A sentença inexistente não produz nenhum efeito jurídico, não é provida de eficácia para provocar repercussão no plano do direito material disputado pelas partes no processo em que ela foi exarada.

d) O processo civil permite que o devedor alegue, por meio dos embargos que lhe são próprios, a falta ou nulidade da citação no processo de conhecimento, se a ação (*sic*) lhe correu (*sic*) à revelia.

Embora esse solucionamento que o processo civil deu ao problema seja doutrinariamente correto — pois a sentença teria sido inexistente no caso de falta de citação para o processo cognitivo —, mantemo-nos firmes em nosso parecer, externado em capítulo pretérito (X), de que, no processo do trabalho, não é admissível que o devedor alegue, em sede de embargos, essa falha da sentença exequenda (em verdade, a falha é muito mais ampla, porquanto atinge todo o processo em que a sentença foi prolatada, excluída a petição inicial), em virtude de certas particularidades expressivas que assinalam esse processo especializado, dentre as quais se destacam o fato de que, ao contrário do processo civil, o do trabalho determina que o revel seja intimado da sentença que lhe foi desfavorável, a fim de que possa, com isso, impugná-la mediante o emprego do meio recursal adequado (CLT, art. 852, parte final).

Em outro livro (*A Sentença no Processo do Trabalho*. 2. ed. São Paulo: LTr, 1996.) pudemos realizar um estudo mais aprofundado da matéria; a essa obra remetemos o leitor que se interessar pelo tema.

|CAPÍTULO XII|

COISA JULGADA

1. Introdução

Segundo a Lei de Introdução às Normas do Direito Brasileiro (em verdade, Dec.-lei n. 4.657, de 4-9-1942, alterado pela Lei n. 12.376/2010), chama-se **coisa julgada ou caso julgado** a decisão judicial de que já não caiba recurso (art. 6º, § 3º).

A doutrina e a jurisprudência se apegaram à expressão **coisa julgada**, que também está no gosto dos legisladores mais recentes.

O fenômeno da coisa julgada é de subida importância para o estudo dos pronunciamentos jurisdicionais decisórios e da eficácia que lhes é inerente. A *res iudicata* não é, todavia, efeito e sim qualidade da sentença.

A eficácia da sentença não se faz sentir ato contínuo à sua publicação, mas sim quando ela não mais for passível de recurso, exceto se a sentença for daquelas irrecorríveis, hipótese em que a sua eficácia será liberada imediatamente à publicação. Com base nessa particularidade, podemos dizer que a sentença, considerada em si mesma, constitui uma espécie de ato de eficácia subordinada a evento futuro, ou seja, à ausência de impugnação pela via recursal ou ao exaurimento dessa via. Assim o é porque esse ato da jurisdição pode ser modificado pelo recurso que dele se interpuser. Sentença suscetível de recurso nada mais é do que uma situação jurídica. Esgotado o prazo de impugnação, porém, ela adquire o atributo da imutabilidade, que vem da *res iudicata*.

Não se pode contestar o fato de que a presença de diversos meios de impugnação às resoluções jurisdicionais, nos sistemas processuais, se justifica pela necessidade de evitar que eventuais falhas ou imperfeições nos julgamentos se tornem definitivas. Em dado momento, contudo, é ainda mais importante que a sentença se torne imutável e indiscutível, sob pena de graves perturbações da estabilidade das relações sociais e jurídicas, que se estabelecem entre os indivíduos. Daí, a existência do fenômeno da coisa julgada, que representa, em última análise, um veto à possibilidade de perpetuação das impugnações aos provimentos jurisdicionais.

Vale ser lembrada a afirmação de Lopes da Costa de que "É de ordem pública que os processos findem rapidamente. Para assegurar o regular tratamento da causa, a lei, de regra, estabelece duas instâncias, criando recursos para as decisões. Interposto no juízo do segundo grau o derradeiro recurso cabível, finda o processo, que não mais pode evoluir, tendo alcançado o seu objetivo final. Pode ser nulo o processo, injusta a sentença, nada mais há a fazer. *Roma Locuta Est.* O mau resultado das operações processuais irá para a partida de lucros e perdas da falibilidade da justiça dos homens. A ordem pública impõe "*stare decisis, non quieta novare*"(42).

É verdade que há um certo excesso nas palavras desse notável jurista, pois não se pode asseverar que passando em julgado a sentença "nada mais há a fazer", ainda que nulo o processo e injusta a sentença. Como pudemos ver, no capítulo transato, geralmente a nulidade que esteja a contaminar a sentença de mérito enseja o exercício da ação rescisória, para desconstituir aquela decisão — conquanto devamos admitir que a sentença dita injusta não seja rescindível. Está claro, por isso, que mesmo tendo sido formada a *res iudicata* ainda haverá algo a fazer-se: desconstituí-la mediante ação rescisória, desde que satisfeitas as exigências legais.

2. Coisa julgada formal

A coisa julgada formal traduz-se no fenômeno da imutabilidade da sentença, em virtude da preclusão dos prazos para recursos. Diz-se que há, nesse caso, preclusão máxima, exatamente porque já não há possibilidade de o pronunciamento jurisdicional ser impugnado por meio de recurso. Torna-se oportuno observar que a ação rescisória será admissível contra a sentença passada em julgado mesmo que em relação a ela não se tenham esgotado todos os recursos (Súmula n. 514 do Supremo Tribunal Federal).

A *res iudicata* formal gera a imutabilidade da sentença dentro do processo, considerando-se, sob esse aspecto, plenamente realizada a entrega da prestação jurisdicional pelo Estado.

Em casos excepcionais, porém, a coisa julgada formal não se constitui mesmo que a sentença não mais seja recorrível: isso ocorre quando ficar vencida a Fazenda Pública, porquanto a lei (Dec.-lei n. 779, de 21.8.69, art. 1º, V) determina que, nesse caso, os autos sejam remetidos ao Tribunal competente, para efeito de reexame necessário. Somente depois de efetuado esse reexame é que a sentença (ou melhor: o acórdão) passará em julgado, produzindo a preclusão máxima a que há pouco aludimos. O CPC contém regra análoga, como

---

(42) *Direito processual civil*. Rio de Janeiro: José Konfino, 1946. vol. III, n. 256. p. 276.

demonstra o art. 496. Se o juiz deixar de remeter aos autos ao tribunal, quando essa remessa era obrigatória, o presidente do tribunal deverá avocá-los, para que se torne concreto o comando da lei (*ibidem*, § 1º), vale dizer, para que o feito se submeta ao duplo grau de jurisdição.

3. Coisa julgada material

O art. 502, do CPC, conceitua a coisa julgada material como "a autoridade que torna imutável e indiscutível a decisão de mérito não mais sujeita a recurso".

O dever estatal de prestar a tutela da jurisdição, quando regularmente invocada, consiste na composição da lide, na solução do conflito intersubjetivo de interesses, mediante ato específico e exclusivo: a sentença de mérito. A sentença não mais sujeita a recurso produz a coisa julgada, que, na lição dos romanos, era a decisão judicial que dava cobro ao litígio, com a condenação ou a absolvição do réu (*res iudicata dicitur quae finem controversiarum pronuntiatione iudicis accipit, quod vel condemnationem, vel absolutionem contingit*).

Prestada a tutela jurisdicional, "qualquer órgão da jurisdição fica processualmente impedido de reexaminar o litígio decidido, porquanto a coisa julgada, como pressuposto negativo da relação processual, veda e torna inadmissível esse reexame", como anota José Frederico Marques[(43)].

Conforme vimos, a coisa julgada formal produz a imutabilidade da sentença no mesmo processo; esta se torna imutável por não ser mais impugnável.

O que se poderia chamar de inimpugnabilidade não é, entretanto, a única qualidade da sentença passada em julgado; há também, a autoridade do julgado, que se irradia para além dos limites do processo, e que se manifesta sob a forma de imutabilidade dos seus efeitos. O comando que se esplende da sentença — e que representa a vontade concreta da lei —, ao tornar-se imutável adquire autoridade de *res iudicata*, obstando, com isso, a que a *res in iudicio deducta* volte a ser examinada não só no mesmo processo, mas em qualquer outro, seja pelo mesmo juiz (ou tribunal) ou qualquer outro.

A coisa julgada material é, conseguintemente, a autoridade da *res iudicata*, tendo força de lei nos limites da questão principal expressamente decidida", como declara o art. 503, *caput*, do CPC.

Precisamente por ser dotada de força de lei é que a coisa julgada material (ou substancial) se faz obrigatória não só para as partes, mas para os juízes em geral. Captando, com argúcia, essa nota característica da coisa julgada material,

---

(43) *Manual...*, vol. III., p. 234.

Betti a definiu como a "força obrigatória e vinculante do acertamento de uma relação jurídica"(44).

O reexame da lide — reiteremos —, após a formação da coisa julgada (material), apenas será possível por meio de ação rescisória, a ser submetida à apreciação do tribunal, no exercício de seu *iudicium rescindens* ou também *rescissorium*.

4. Fundamento da autoridade da coisa julgada

A despeito de já nos havermos manifestado, *en passant*, sobre a justificação da existência da autoridade da *res iudicata*, é sobremodo conveniente que retornemos ao assunto para investigá-lo com maior profundidade.

Podem ser indicados como dois, essencialmente, os fundamentos dessa autoridade: um de natureza política e outro de natureza jurídica, conforme a bipartição aceita pela doutrina.

4.1. Fundamento de natureza política

Como pudemos expor neste livro, a ação se converteu, nos modernos sistemas jurídicos, em direito público subjetivo pelo qual o indivíduo impetra, na forma da lei, a tutela jurisdicional do Estado — direito esse alcandorado, em nosso meio, ao predicamento constitucional (CF, art. 5º, XXXV). A jurisdição substituiu os barbáricos sistemas vigorantes no passado, como o da autodefesa ou autotutela. Por outro lado, o Estado assegura ao réu ampla liberdade de defesa, permitindo que ele compareça a juízo para responder (= excepcionar, contestar, reconvir, reconhecer o direito alegado pelo autor) às pretensões deduzidas pela parte contrária e produzir todas as provas que forem necessárias à promoção dos seus direitos e interesses, pertinentes à causa.

Aos contendores em geral se assegura, também, o direito de produzirem provas no sentido de serem verdadeiras as alegações por eles formuladas e, no processo de conhecimento trabalhista o juiz busca, em um mínimo de duas vezes, a conciliação (CLT, arts. 764, *caput*, 846, *caput* e 850, *caput*).

O Estado instituiu, enfim, o devido processo legal (*due process of law*) como o método exclusivo de solução dos conflitos de interesses ocorrentes entre os indivíduos; nesse concerto, a sentença surge como o instrumento de prestação da tutela jurisdicional, o ato pelo qual o Estado diz com quem está o direito. O Estado-juiz, contudo, é uma abstração jurídica; concretamente, ele atua por intermédio dos juízes, seres humanos, e, como tais, falíveis. Pondo à frente a possibilidade de as decisões judiciais derivarem, em certas situações, de falhas

---

(44) Apud Moacyr Amaral Santos, Primeiras Linhas..., 3º vol. p. 45.

ou de imperfeições de quem as proferiu, o mesmo Estado permitiu a impugnação desses pronunciamentos, criando, para tanto, os recursos e prevendo a sua utilização com maior ou menor amplitude, segundo seja a espécie de decisão que se pretende impugnar.

Salvo exceções, o nosso sistema de processo permite o reexame das causas como providência destinada a evitar que certas decisões injustas ou contrárias à lei possam prevalecer, em detrimento do prestígio da ordem jurídica e da respeitabilidade dos pronunciamentos jurisdicionais.

Como não se poderia, contudo, permitir que as lides se eternizassem, pois isso provocaria sensíveis abalos na harmonia e na estabilidade das relações sociais, concebeu-se a figura-fenômeno da coisa julgada, a representar uma espécie de veto inflexível à rediscussão das causas. Com o decurso dos prazos para a interposição dos recursos cabíveis, ou, de qualquer modo, com a preclusão do direito de fazer uso desses meios de impugnação, a sentença (ou o acórdão) transita em julgado, adquirindo, com isso, autoridade de coisa ou caso julgado, tornando-se, a partir daí, imutável.

Nisso reside, justamente, o fundamento político da autoridade das *res iudicata.*

Apenas em casos especiais, expressamente previstos em lei, é que a coisa julgada poderá ser desconstituída, reabrindo-se, por essa forma, a discussão da lide: essa tarefa os Códigos de Processo reservam à ação rescisória e concedem ao interessado o largo prazo de dois anos para a utilização desse instrumento jurídico.

4.2. Fundamento de natureza jurídica

Há uma generalizada cizânia doutrinária quanto às razões de ordem jurídica que conduziram à instituição da coisa julgada e à concepção da autoridade que lhe é inerente.

Contando bem, não teríamos dificuldade de encontrar cerca de uma dezena de teorias concernentes ao tema; por apego à brevidade, façamos uma síntese de algumas delas.

a) *Teoria da presunção da verdade.* Foi construída por alguns juristas da Idade Média, sob a influência da filosofia escolástica — em grande voga no período — e com base em texto de Ulpiano (Digesto 1.5.25).

Segundo essa teoria, a finalidade do processo era a busca da verdade, motivo pelo qual seus adeptos tinham uma visão silogística da sentença. Com efeito, para eles a matéria de fato correspondia à premissa menor; a de direito, à premissa maior e a conclusão, à decisão.

Embora, do ponto de vista ideal, não se possa negar que o escopo do processo seja, realmente, a busca da verdade, devemos reconhecer que, em muitos casos, o que prevalece não é a verdade real (não há vício pleonástico na expressão, em face da dualidade que caracteriza a verdade no plano processual), mas a meramente formal (que nem sempre coincide com aquela) e nem por isso se pode sustentar que a sentença não produz coisa julgada — ou que, por absurdo, produziria uma canhestra modalidade de *res iudicata* desapercebida de autoridade.

A autoridade da coisa julgada nasce não em função do conteúdo da sentença (= do que se tenha decidido) e sim do fato de dar-se a preclusão dos recursos. Sentenças injustas, sentenças contrárias à lei, sentenças imperfeitas, bem ou mal, passam em julgado.

A possibilidade de, em determinados casos, acabar por prevalecer não a verdade real (correspondente aos fatos tais quais aconteceram no mundo sensível), e, sim a meramente formal (a que se constitui nos autos, como produto da atividade das partes e, eventualmente, do próprio juiz), fez com que alguns autores vissem na sentença nada mais do que uma verdade presumida, sem que isso acarretasse negar autoridade à coisa julgada que viesse a formar-se.

Esse pensamento exerceu razoável influxo em textos legislativos modernos, como, v.g., no Código napoleônico. Em nosso meio, o famoso Regulamento n. 737, de 25 de novembro de 1850, dispunha serem presunções legais absolutas "os fatos ou atos que a lei expressamente estabelece como verdade, ainda que haja prova em contrário, como a coisa julgada".

b) *Teoria da ficção da verdade*. Produziu-a Savigny. Percebendo que as sentenças injustas também transitam em julgado e que, em consequência, aquilo que ela apreciou e resolveu não pode deixar de ser aceito como verdadeiro, o renomado jurista concluiu que a sentença espelha, simplesmente, uma ficção da verdade.

De certa maneira, essa teoria não difere, substancialmente, da anterior (presunção da verdade), pois as categorias de presunção e de ficção, conquanto sejam inconfundíveis, não se encontram muito distanciadas — uma em relação a outra — no terreno do binômio verdade-sentença. Alías, já se disse, com alguma propriedade e com acentuado teor de ironia, que nos processos judiciais quase tudo vem à tona, menos a verdade.

Tanto na presunção quanto na ficção pensa-se que algo seja verdadeiro, embora não o possa ser.

A teoria em estudo, como se nota, faz da verdade fictícia o pedestal da autoridade da coisa julgada.

c) *Teoria da força legal da sentença*. Entendendo que todas as sentenças, inclusive as declaratórias, criam, constituem direitos, Pagenstecher elaborou a teoria da força legal dos pronunciamentos da jurisdição.

Afirmando que a sentença possui semelhança com o parecer do jurisconsulto e que ambos são produtores de certeza, o autor citado conclui que a sentença apresenta um *quid* a mais, porquanto, ao ser proferida, o direito novo (que ela representa) se sobrepõe ao direito anterior.

É esse *quid* a mais que, amoldado à sentença por imposição da lei, a torna constitutiva de direito e lhe atribui autoridade de coisa julgada.

O direito novo, criado pela sentença, é, pois, o fundamento da *res iudicata,* na óptica dessa teoria.

d) *Teoria da eficácia da declaração*. Figuram como seus criadores, dentre outros, Hellwig, Stein e Binder.

Para essa corrente de opinião, a autoridade da coisa julgada se funda na eficácia da declaração de certeza que a sentença possui. Dessa forma, as sentenças são atos declaratórios de direitos (sentenças declaratórias) ou atos de constituição de direito (sentenças constitutivas).

Sob esse prisma, a própria sentença condenatória possui natureza constitutiva, na medida em que ao lado da declaração de certeza, que ela encerra, há uma prestação de dar, fazer ou deixar de fazer.

Fundamentalmente, entretanto, o que fica em toda sentença é o seu conteúdo declaratório e é dele que provém a certeza do direito. A sentença condenatória abriga, pois, dois conteúdos: um, de declaração de certeza quanto à existência do direito; outro, pertinente a um direito novo, consubstanciado na ordem de prestação. O primeiro direito é imutável; o segundo pode ser rediscutido na execução da sentença.

De acordo com essa doutrina, como se nota, a autoridade da *res iudicata* repousa no conteúdo declarativo da sentença. A força da coisa julgada constrange todos (partes, juízes) à obediência à declaração contida no provimento jurisdicional.

e) *Teoria da extinção da obrigação jurisdicional*. Ugo Rocco foi o idealizador dessa teoria; segundo ele, a definição de sentença se liga, umbilicalmente, aos conceitos de ação e jurisdição.

A doutrina em questão manipula, em verdade, os institutos da ação e da jurisdição para fazer deles a matéria-prima de sua construção. Argumenta Ugo Rocco — e, nesse ponto, com razão — que a ação constitui um direito subjetivo de solicitar ao Estado a prestação jurisdicional, com o fito de, dizendo com quem está o direito disputado, solucionar o conflito de interesses. A jurisdição figura aí — também com acerto — como o poder-dever de declarar o direito. O Estado, ao declarar o direito (por meio da sentença), exaure a sua obrigação jurisdicional e o próprio direito de ação fica extinto.

A extinção do direito de ação e do dever jurisdicional impede que a relação jurídica material seja novamente apreciada, gerando, com isso, a imutabilidade da sentença que sobre ela se pronunciou (= coisa julgada).

f) *Teoria da vontade do Estado.* Teve ampla repercussão na Alemanha e, de certa forma, na Itália, onde encontrou em Chiovenda o seu mais fervoroso propagador.

Polariza-se essa teoria no comando que há na sentença, a par do raciocínio lógico que ela encerra.

Assim, a sentença, como produto de um raciocínio lógico, de um ato de inteligência do juiz, não reflete nenhuma influência especial do Estado, pois nessa parte o julgador não exerce uma atividade racional distinta da que geralmente é exercitada por qualquer outro indivíduo dotado de padrão cultural análogo. Visto o fato por esse ângulo, pode-se dizer que o ato do juiz é semelhante ao parecer de um jurisconsulto.

A particularidade essencial está, contudo, em que esse ato jurisdicional, ao contrário do parecer de um jurisperito, possui um comando, uma ordem, ou uma decisão. Como se trata de ato derivante da jurisdição, ele se reveste de um comando provido de força obrigatória. O traço compulsório da sentença é dado pela interveniência da vontade estatal.

Daí a conhecida definição de sentença, realizada por Chiovenda, no sentido de consistir na afirmação ou negociação da vontade do Estado, que assegura ao indivíduo um bem da vida.

O Estado não só concede à sentença força obrigatória, como os atributos de imutabilidade e de indiscutibilidade, que decorrem da preclusão dos prazos para a interposição de recursos.

Em resumo, a teoria em pauta vê na vontade do Estado o fulcro da autoridade da *res iudicata*, porquanto é essa expressão volitiva estatal que dá à sentença o caráter de ato irrevogável e de força compulsória.

g) *Teoria da imperatividade.* Defendeu-a Carnelutti, para quem a autoridade da coisa julgada se vincula ao fato de emanar do Estado. A imperatividade da sentença se justifica, exatamente, em virtude de traduzir um ato estatal. A coisa julgada se localiza, por isso, na imperatividade do comando da sentença.

A opinião de Carnelutti não coincide, como possa parecer, com a de Chiovenda. Para este, a sentença revela a norma legal aplicável ao caso concreto, ou seja, na sentença está a lei. Emitida a sentença, emporisso[45], essa assume o lugar da lei, substituindo-a; e o comando da norma legal, geral e abstrato, se especifica e se torna concreto na sentença. Sendo assim, há dois comandos, lado a lado: o da lei e o da sentença, sendo o desta independente. Já Carnelutti assevera que o comando da sentença pressupõe o comando da lei, conquanto com este não se identifique, necessariamente. O comando da sentença é suplementar ao da lei; e como traz uma declaração de certeza, faz-se dotado de imperatividade por ser ato proveniente do Estado-juiz.

Ponto singular a ser destacado no pensamento de Carnelutti concerne ao fato de ele, opostamente à opinião predominante na doutrina, colocar a formação da coisa julgada material antes da constituição da *res iudicata* formal. Por outros termos, na teoria carnelutiana não é a coisa julgada material que pressupõe a formal, e, sim, esta é que pressupõe aquela. Argumenta o ilustre pensador italiano que na certeza produzida pela sentença está a imperatividade que gera a coisa julgada material; esta, por sua vez, em decorrência do exaurimento dos prazos recursais, se converte em coisa julgada formal.

h) Teoria da qualidade especial da sentença. Opondo-se à doutrina de largo prestígio, que via na coisa julgada um efeito da sentença (o principal deles), Liebman sustentou que a *res iudicata* é, em rigor, uma qualidade especial da sentença.

Essa qualidade robustece a eficácia da sentença, que consiste em sua imutabilidade como ato processual (*res iudicata* formal) e na imutabilidade de seus efeitos (coisa julgada material).

Em Liebman, a eficácia da sentença promana de sua aptidão para, como ato processual, produzir efeitos. Não é só. A sentença, para ser eficaz, deve estar em conformidade com o direito, pois, caso contrário, será destituída de eficácia. Ainda: essa conformidade significa que a sentença deve ser o resultado de uma sequência de atos formais, que constituem o procedimento ditado pela norma legal, e também espelhar a vontade da lei (critérios de validade e justiça da sentença).

A partir daí, Liebman afirma que, por obra de presunção, os atos oriundos do Estado estão em consonância com o direito, razão por que são eficazes. Essa presunção, no entanto, é relativa, pois não sobrevive diante de situações em que se demonstra a ilegalidade do ato. A ilegalidade, na espécie, compreende a inconstitucionalidade. Como diz o festejado pensador, um ato da administração ou do Judiciário terá validade enquanto não for provada a sua ilegalidade: "A sentença, que é também amparada por esse princípio fundamental

(45) Em homenagem à gente do Minho, berço da nacionalidade lusitana.

da presunção da legalidade dos atos estatais, é eficaz em todos os sentidos até o momento em que se demonstrar a sua invalidade ou injustiça, e quem afirma essa ilegalidade é que a deve demonstrar nas formas e meios devidos"[46].

Ainda que a sentença seja válida e justa, a sua eficácia somente será liberada após a preclusão dos recursos dotados de efeito suspensivo, isso porque essa classe de meios impugnativos suspende o momento em que a sentença está para produzir a sua eficácia natural[47].

A teoria de Liebman, porém, não se esgota nisso.

A sentença passível de ser "reformada" apenas produz a sua eficácia natural, ordinária. Com a preclusão de todos os recursos, entretanto, a sua eficácia fica "reforçada" diante da imutabilidade da sentença. Nesse quadro, a coisa julgada aparece como uma qualidade especial que fortalece a eficácia ínsita ao pronunciamento jurisdicional.

A preclusão da totalidade dos meios recursais faz surgir a coisa julgada formal, entendida como a imutabilidade da sentença e, seguintemente, a *res iudicata* material, que se traduz na imutabilidade dos efeitos da sentença.

Reconhece o grande jurista que a coisa julgada se baseia na necessidade social de evitar que os litígios se perpetuem, em detrimento dos indivíduos e do Estado.

i) A opinião do autor. O assunto relativo ao fundamento de natureza jurídica da autoridade da coisa julgada, como pudemos demonstrar, foi estudado, em profundidade, por juristas de nomeada, tirando, cada qual, a sua opinião a respeito.

Dentre todas as teorias que expusemos, julgamos ser a de Liebman a mais aceitável, vez que o fenômeno jurídico da coisa julgada não pode ser visto como efeito, e, sim, como qualidade da sentença. Qualidade especial, acrescente-se. A *res iudicata*, por outras palavras, é eficácia da sentença, considerada esta como a aptidão para produzir os efeitos que lhe são inerentes e que a faz imutável e indiscutível com a preclusão dos recursos.

O estatuto processual civil brasileiro, de 1973, dá mostras de haver absorvido a doutrina liebmaniana, ao declarar: "Denomina-se coisa julgada material a eficácia, que torna imutável e indiscutível a sentença, não mais sujeita a recurso ordinário ou extraordinário" (art. 467; destacamos). O CPC de 2015, com melhor

---

(46) Sentença e coisa julgada, in: *Rev. da Faculdade de Direito da Universidade de SP*, XL, 1945. p. 203 e segs.
(47) *Idem, ibidem.*

rigor técnico, preferiu conceituar a coisa julgada como "a autoridade que torna imutável e indiscutível a decisão de mérito não mais sujeita a recurso" (art. 502).

Não devemos desprezar, todavia, o pensamento de Chiovenda, quanto a ser a lei que atribui à sentença a qualidade de coisa julgada, pois, em nosso meio, o Código Civil conceitua a *res iudicata* como "decisão judiciária de que já não caiba recurso" (Lei de Introdução, art. 6º, § 3º). Esse conceito se harmoniza com o impresso no art. 502, do CPC.

Chiovenda nos fala, ainda, da força obrigatória da sentença, que é dada pelo Estado e que alcança a todos: partes, juízes e outros — lição que foi aceita pelo legislador processual brasileiro, como evidencia o art. 503, *caput*, do Código: "A decisão que julgar total ou parcialmente o mérito tem força de lei nos limites da questão principal expressamente decidida".

5. Preclusão e coisa julgada

O vocábulo preclusão (do latim *praeclusio, de praecludere* = fechar, tolher, findar) significa o ato de encerrar ou de impedir que alguma coisa se faça ou tenha prosseguimento[(48)].

Transportado para o tecnicismo da linguagem jurídica, ele expressa a perda de um direito processual — ou, quando menos, de uma faculdade dessa natureza —, que em virtude de sua exaurição ou de não haver sido exercitado no momento oportuno fica extinto.

Em Chiovenda, a preclusão aparece como a perda de uma faculdade processual por se haverem tocado os extremos fixados pela lei para o exercício dessa potestade no processo ou numa fase do processo[(49)].

Sem nos distanciarmos dessa ideia central, entendemos que a preclusão consiste na perda de um direito ou de uma faculdade de praticar certo ato processual, em decorrência do decurso do prazo legalmente estabelecido para isso; de o ato ser incompatível com outro, anteriormente realizado; de decisão passada em julgado, que o repele. Preferimos essa definição porque ela incorpora, didaticamente, as espécies de preclusão consagradas pela doutrina.

Com efeito, diz-se que há, basicamente, três espécies de preclusão, a saber: a) temporal; b) lógica; e c) consumativa. A *temporal* é a de maior incidência prática e se caracteriza pela impossibilidade de o ato ser realizado, em razão do decurso do prazo previsto em lei ou assinado pelo juiz (a parte interpõe o recurso

(48) *Vocabulário jurídico,* De Plácido e Silva, vol. III. Rio de Janeiro: Forense, 1967. p. 1198.
(49) Apud Moacyr Amaral Santos, ob. cit., p. 57.

ordinário após o oitavo dia; não se manifesta, no prazo fixado pelo juiz, sobre os documentos juntados pela parte contrária); a **lógica** ocorre quando se deseja praticar ato inconciliável com outro, já realizado no processo (suscitar, o litigante, conflito de competência, quando já oferecera exceção de incompetência); a **consumativa** provém da existência de decisão (sentença, decisão interlocutória) passada em julgado, que inibe a prática de ato com ela contrastante (pretende-se discutir, na fase de liquidação da sentença, matéria já apreciada pela sentença exequenda: CLT, art. 879, parágrafo único).

5.1. A coisa julgada é a preclusão máxima

Para que o binômio preclusão — coisa julgada — de vital importância para o estudo da ação rescisória — seja convenientemente entendido, devemos avançar em considerações.

Na terminologia do processo, as locuções passar (ou transitar) em julgado e fazer coisa julgada não guardam necessariamente, sinonímia, como se possa imaginar. Há decisões que passam em julgado e que não constituem *res iudicata* (material). Nessa classe de sentenças podem ser incluídas, dentre outras: a) as que geram a extinção do processo sem julgamento do mérito. Desse grupo participam aquelas mencionadas pelo art. 485, do CPC, à exceção da que acolhe a alegação de perempção, litispendência e coisa julgada; b) as proferidas nos impropriamente denominados processos de "jurisdição voluntária" (corrija-se para administração pública de interesses privados); e c) as emitidas nos processos referentes às tutelas provisórias, salvo as que declaram a prescrição extintiva quanto ao direito material alegado pelo autor ou a decadência (CPC, art. 302, IV).

As decisões interlocutórias, em princípio, também não produzem coisa julgada material, em face da natureza eminentemente processual de que são providas. A falta de impugnação de decisões dessa espécie tem efeito apenas preclusivo, aqui empregado o termo como significante de coisa julgada formal, porquanto vedada estará a possibilidade de a matéria ser reexaminada no mesmo processo.

Res iudicata igualmente não produzem os despachos (CPC, art. 226, I); estes, aliás, nem sequer são recorríveis (CPC, art. 1.001).

Como deixamos exarado inúmeras vezes, neste livro, somente os pronunciamentos jurisdicionais que ingressam no mérito têm aptidão para produzir a coisa julgada material — pressuposto legal da ação rescisória.

6. Limites da coisa julgada

Quando falamos em limites da coisa julgada estamos, na verdade, procurando precisar o alcance de seus efeitos, seja do ponto de vista da extensão da matéria decidida, seja das pessoas que serão por ela atingidas; no primeiro caso, vem à tona o problema dos limites objetivos; no segundo, o dos limites subjetivos.

6.1. Limites objetivos

Lia-se no art. 468, do CPC de 1973: "A sentença, que julgar total ou parcialmente a lide, tem força de lei nos limites da lide e das questões decididas" (realçamos). Para Moacyr Amaral Santos, esse dispositivo do estatuto processual civil brasileiro reproduzia, no particular, o projeto Ludovico Mortara, elaborado por Carnelutti[50]. Um pequeno adendo, entretanto, à afirmação do ilustre jurista de São Paulo se fazia indispensável. Na realidade, o art. 468 do referido CPC reproduzia, com pequena variação literal, a regra que se encontrava enunciada no art. 287, *caput*, do CPC, de 1939, assim redigido: "A sentença que decidir total ou parcialmente a lide terá força de lei nos limites das questões decididas". A disposição do CPC de 1939, por sua vez, constituía cópia parcial do art. 290 do Projeto de Código de Processo Civil feito por Mortara, em 1926. Esse projeto estabelecia que a sentença teria "*forza di legge nei limite della lite e della questione decisa*".

O CPC de 2015 impôs algumas modificações na redação da matéria, conforme demonstra o seu art. 503, *caput*: "A decisão que julgar total ou parcialmente o mérito tem força de lei nos limites da questão principal expressamente decidida". O texto de 2015 substituiu: a) o vocábulo *lide* por *mérito* (embora, no sistema do CPC de 1973, a lide correspondesse ao mérito); e b) a expressão: "nos limites da lide e das questões decidas" por "nos limites da questão principal expressamente decidida". Com base na dicção do art. 503, *caput*, do CPC de 2015, podemos concluir que: a) as questões prejudiciais, em princípio, não são acobertadas pela autoridade da coisa julgada mateiral, exceto se ocorrerem quaisquer das situações previstas nos incisos I a III, do § 1.º, do art. 503; b) não se pode presumir que as questões principais tenham sido decididas, pois a norma exige que haja decisão **expressa**. A propósito, as questões prejudiciais também devem estar expressamente decididas, para serem alcançadas pela *res iudicata* material.

A parte final do art. 290 do Projeto Mortara, a que nos referimos há pouco, estatuía, ainda, que "*Si considera decisa, anche se non sia risoluta espressamente, ogni questione, le cui risoluzione costituisca una premessa necessaria della disposizione contenuta nella sentenza*", cuja disposição foi incorporada ao digesto processual civil pátrio, de 1939, como revela o parágrafo único do art. 287: "Considerar-se-ão decididas todas as questões que constituam premissa necessária da conclusão". Essa regra, de caráter silogístico, não foi, porém, reproduzida pelo Código de 1973, embora este haja se preocupado em declarar que "Passada em julgado a sentença de mérito, reputar-se-ão deduzidas e repelidas todas as alegações e

(50) Ob. cit., p. 62.

defesas, que a parte poderia opor assim ao acolhimento como à rejeição do pedido" (art. 474). O CPC de 2015 manteve essa linha de orientação, como demonstra o seu art. 508: "Transitada em julgado a decisão de mérito, considerar-se-ão deduzidas e repelidas todas as alegações e as defesas que a parte poderia opor tanto ao acolhimento quanto à rejeição do pedido".

Por ora, retornemos ao problema dos limites da lide, de que falam os arts. 141 e 503, do CPC vigente. Como ensina Carnelutti, o julgado é a decisão de uma lide e, por essa razão, os limites do julgado são os limites de seu próprio objeto, vale dizer, os limites que se lançam sobre o julgado da lide: "porque é a decisão de uma lide, o julgado não pode ser mais que tal decisão; mas aquilo que é, o é para todos, não somente para as partes"(51).

O art. 503 do CPC menciona a possibilidade de o juiz julgar parcialmente o mérito. O que devemos entender por julgamento parcial de um conflito de interesses?

Em rigor, a viabilidade de uma solução não integral da lide já estava prevista no art. 287, do CPC, de 1939 (*caput*) e no de 1973 (art. 468).

Debruçando-se sobre esse delicado assunto, alguns autores do período chegaram a opinar que o julgamento parcial ocorreria se o juiz julgasse apenas uma das diversas demandas cumuladas num só processo. Esse era o pensamento do próprio Pedro Batista Martins, elaborador do projeto que, mais tarde, se converteria no Código de 1939: "Se as partes formularem no mesmo processo pedidos que não lhes era lícito formularem, o juiz, que deverá ater-se ao princípio da economia processual, não anulará o processo; julgará em parte procedente (*sic*) a ação para o fim de condenar o réu no pedido que lhe pareça compatível com o rito adotado, abstendo-se de decidir as questões insuscetíveis de cumulação. A sentença, em tais casos, deverá, por conseguinte, decidir parcialmente a lide"(52).

Essa opinião de Batista Martins recebeu justas críticas de José Frederico Marques(53) e de Moacyr Amaral Santos(54), pois na verdade aquele destacado jurista incorreu no grave erro de confundir os conceitos de lide e de questão (leiam-se as suas palavras, há pouco reproduzidas). No exemplo por ele formulado, o juiz, ao apreciar um dos pedidos e deixando de decidir aquilo que não fosse passível de cumulação, estaria, na realidade, efetuando um julgamento total de uma lide, conquanto não se pronunciasse sobre a outra.

---

(51) Apud Moacyr Amaral Santos, ob. cit., p. 62.
(52) *Comentários ao Código de Processo Civil*. 3º vol. p. 340.
(53) *Instituições*. 1960, p. 50.
(54) *Primeiras linhas*. 3º vol. p. 68/69.

Quer nos parecer que, para os efeitos do art. 503 do CPC (é com vistas a ele que estamos a formular estas considerações), pode ser aceito o ensinamento de Carnelutti relativo à existência de um processo integral e de um processo parcial(55); com isso, quer o notável jurista italiano expressar que a despeito de a sentença dever ater-se aos limites da lide, isso não significa que aquela possa ser menos que esta, ou seja, que não possa a sentença decidir apenas em parte a lide(56). Nessa linha de concepção, poderia ser indicada, como exemplo, a sentença que se omitisse quanto à apreciação de determinado pedido feito pela parte e transitasse em julgado com essa falha. Discordamos, portanto, de Moacyr Amaral Santos quando, citando idêntico exemplo, conclui que mesmo diante do suprimento dessa lacuna do pronunciamento jurisdicional, por meio de embargos declaratórios, a sentença teria julgado parcialmente a lide. *Data venia*, a sentença declarativa, ao pronunciar-se sobre o ponto omisso da declarada, integrou-se a ela, fundiu-se a ela, formando um só corpo, tanto que eventual recurso interposto será um só (e não um para cada sentença: a declarada e a declarativa), assim como una será a execução que se vier a promover. Logo, não nos parece correto afirmar que, na hipótese, a sentença teria efetuado um julgamento parcial da lide. Esse julgamento fragmentário, insistamos, só se configurará se a sentença passar em julgado com a omissão que a contamina.

Frederico Marques aponta como caso de julgamento parcial o da sentença que se limitasse a decidir acerca do an debeatur, remetendo para a fase de liquidação a quantificação do crédito (ou da execução, lato sensu)(57). Não estamos convencidos, *venia concessa*, do acerto desse exemplo. Ao proferir a sentença que soluciona o conflito de interesses, ou seja, que compõe a lide, o juiz estará realizando um julgamento integral desta (supondo-se que tenha apreciado todos os pedidos formulados pelos litigantes); o fato de relegar para a fase de liquidação o *quantum debeatur* não quer dizer que a lide tenha sido julgada apenas em parte: o foi por inteiro, representando a liquidação mero capítulo preparatório da execução (por quantia certa). Tanto se trata de julgamento integral da lide, que a lei proíbe às partes de, na liquidação, modificarem ou inovarem a sentença liquidanda, assim como discutirem "matéria pertinente à causa principal" (CLT, art. 879, parágrafo único).

A prevalecer o pensamento de Frederico Marques, teríamos de aceitar a ideia de que somente a sentença que solucionou o conflito — por haver julgado parcialmente o mérito — teria força de lei e não a decisão de caráter interlocutório, que quantifica o valor da execução.

---

(55) *Apud* Moacyr Amaral Santos, ob. cit., p. 63/64.
(56) *Idem, ibidem.*
(57) Ob. cit., p. 267.

Como caracterizadora de julgamento parcial da lide podemos citar, ainda, a sentença que declara inexistente a pretendida relação de emprego, deixando, em consequência, de apreciar os demais pedidos efetuados pelo autor (como de indenização, aviso prévio, férias, gratificação natalina etc.). A lide envolvia tanto a relação de emprego quanto os pedidos de natureza pecuniária, formulados pelo autor. Ao não reconhecer a existência do vínculo empregatício e, em virtude disso, deixar de pronunciar-se sobre os outros pedidos que decorreriam do acolhimento do primeiro, parece-nos que o órgão jurisdicional procedeu a um julgamento parcial da lide. Sendo assim, essa parte da pretensão, passando em julgado, tornaria definitivamente prejudicada a apreciação das demais.

6.1.1. O problema das "questões"

Vimos que o art. 503 do CPC declara que a sentença (que julgar total ou parcialmente o mérito) terá força de lei nos limites da questão principal expressamente decidida".

A sentença, ao julgar a lide, terá, invariavelmente, de apreciar as questões suscitadas pelas partes, com o objetivo de fazer com que os pedidos sejam acolhidos ou rejeitados. Essas questões consistem em pontos controvertidos, que devem ser superados (= apreciados pelo juiz) para que a sentença possa ser emitida.

Se a parte levantou determinada questão e a sentença sobre ela não se manifestou (e não houve oferecimento de embargos declaratórios), não se aplicará a regra do art. 503 do CPC, motivo por que não se pode pensar em possuir força de lei uma sentença que deixou de se pronunciar sobre questão posta por um dos litigantes (ou por ambos, conforme seja o caso).

Há, todavia, uma outra classe de **questões**, sobre a qual a doutrina vem se manifestando de maneira algo vacilante e imprecisa: são as denominadas **prejudiciais**. Como questões prejudiciais entendem-se todos aqueles aspectos ou pontos de direito material debatidos no processo, que constituem pressuposto lógico para o proferimento da sentença e que poderiam ser objeto até mesmo de ação distinta. Daí o sentido de "prejudicialidade" dessas questões. Note-se, porém, que ditas questões não são, necessariamente, prejudiciais à sentença se não que, em alguns casos, podem sê-lo. Melhor explicando: tais questões são efetivamente prejudiciais se a decisão que o juiz proferir, a respeito delas, tornar-se inconciliável com a pretensão de fundo, deduzida pela parte — seja a contrária, seja a que suscitou a questão. Argumentemos com a ação em que o autor, dizendo-se empregado do réu, pretenda a condenação deste ao pagamento de certas quantias, devidas em virtude da existência do contrato de trabalho. Se o réu alegar a inexistência da relação de emprego, essa alegação assumirá caráter de autêntica questão prejudicial dos pedidos formulados pela parte contrária. Sendo essa relação, entretanto, objeto de questão prejudicial, a decisão incidental que o juiz sobre ela proferir não fará, em princípio, *res iudicata*, como esclarece o art. 503, *caput*, do CPC, ao referir-se à **questão principal**. Para que, de maneira excepcional, a questão **prejudicial** possa ser abrangida pela coisa julgada material, é necessário que a) da sua resolução dependa o julgamento do mérito; b) sobre ela tenha havido um contraditorio prévio e efetivo, não se aplicando, por isso, ao caso de revelia; c) o juízo for competente em razão da matéria e da pessoa para resolvê-la como questão principal (*ibidem*, I a III).

6.1.2. Estrutura da sentença e coisa julgada

Como estamos a discursar sobre os limites objetivos da coisa julgada, é de mister examinarmos, a seguir, que partes da sentença geram o fenômeno processual da coisa julgada.

Repitamos que a sentença contém, estruturalmente, três frações, preordenadas de modo lógico: a) relatório; b) fundamentação; c) dispositivo (CLT, art. 832, *caput*; CPC, art. 489).

Dispõe o art. 504 do CPC que não fazem coisa julgada: a) os motivos, ainda que importantes para determinar o alcance da parte dispositiva da sentença; b) a verdade dos fatos estabelecida como fundamento da sentença (I e II).

O CPC de 1973 mencionava, ainda, a apreciação de questões prejudiciais, decididas incidentalmente no processo (art. 469, III). Essas questões prejudiciais, entretanto, no sistema do CPC de 2015, **podem produzir coisa julgada** se, além de serem decididas, de maneira incidental e expressa, atenderem aos requisitos dos incisos I a III, do § 1º, do art. 503.

Falemos da motivação da sentença e da verdade dos fatos

a) No passado, lavrou-se disputa intensa e generalizada sobre o assunto. Alguns autores afirmavam que em hipótese alguma a motivação da sentença seria afetada pela *res iudicata;* outros, que isso poderia ocorrer quando o dispositivo se apresentasse confuso, ininteligível e houvesse necessidade de buscar-se na motivação os elementos esclarecedores; outros, que a motivação sempre seria atingida pela coisa julgada, vez que esta representa a alma da sentença.

Savigny, em posição singular, entendia que somente os fundamentos objetivos da motivação seriam alcançados pela coisa julgada; para ele, tais fundamentos objetivos consistiam nos elementos constitutivos da relação jurídica. Conquanto a doutrina de Savigny tenha sido aceita por muitos, em alguns países, como a Alemanha e a Áustria, ela acabou rechaçada, bastando lembrar que nessas legislações se declarou que apenas o dispositivo seria abrangido pela *res iudicata*.

Em nosso meio, quando ainda vigente o Código de 1939, escritores de prestígio sustentaram que apenas a parte dispositiva da sentença seria afetada pela coisa julgada. Essa corrente doutrinária se achava fortemente influenciada pelo Código germânico e pelos ensinamentos de Liebman, embora seja de inteira justiça reconhecer-se que Paula Batista, já no século passado, percebera, com vanguardeira e perspicaz intuição, que unicamente o dispositivo era atingido pela *res iudicata*.

Segundo Liebman, a assertiva de que a coisa julgada estava restrita ao dispositivo, ainda que correta, deveria ser entendida em seu senso substancial e não formal, "de modo que abranja não só a fase final da sentença, mas também qualquer outro ponto em que tenha o juiz eventualmente provido sobre os pedidos das partes"[(58)].

Caso, todavia, em situação algo inusitada, o juiz, na fundamentação, decidir a respeito de determinado ponto ou questão, haveremos de admitir que a motivação, nesse caso específico, poderá ser alcançada pela coisa julgada, porquanto atraiu para si elementos que seriam próprios da parte dispositiva (*decisum*) da sentença.

De qualquer forma, optando pela melhor doutrina, o estatuto processual civil de 1973 clarificou que os motivos da sentença não faziam coisa julgada, mesmo que relevantes para determinar o alcance do julgado (art. 469, I). Esses motivos, reiteremos, apenas serviam para explicar, para esclarecer o dispositivo, sem que, com isso, passassem a fazer parte deste para efeito de produção de *res iudicata*. O CPC de 2015 deu o mesmo tratamento à matéria, conforme se verifica do teor do seu art. 504, I.

b) Ao dizer que a verdade dos fatos posta como fundamento da sentença não produz coisa julgada, o legislador quase tocou nos lindes da redundância, pois se, no inciso anterior (I), afirmara que os motivos não são atingidos pela coisa julgada e compreendendo estes, sem dúvida, a verdade dos fatos, pareceria dispensável a presença do inc. II, no art. 504. O que se percebe, contudo, é que o legislador procurou explicar aquilo que, de certa maneira, estava implícito nos motivos da sentença.

Via de regra, a verdade dos fatos nasce da atividade de exame e de valoração das provas, que o juiz realiza, por imperativo do princípio do livre convencimento motivado (ou da persuasão racional), que vem do art. 371 do CPC.

Segue-se, que se o juiz admitir como verdadeiro um fato, em determinado processo, isso não significa, necessariamente, que essa veracidade deva ser acatada em outro processo, ainda que sob a direção do mesmo juiz. Calha, com perfeição, à espécie, a denominada prova emprestada — que tantos maus-tratos vem recebendo no campo prático, por parte de juízes e advogados.

---

(58) *Apud* Moacyr Amaral Santos, ob. cit., p. 66.

Prova emprestada não é prova imposta por uma das partes à outra, ou pelo juiz a uma delas ou a ambas; é, acima de tudo, prova "negociada". Expliquemos. Se se discute sobre existência, ou não, de insalubridade, não pode um dos litigantes pretender juntar aos autos, como prova emprestada, laudo pericial extraído de outros autos de processo, ainda que pertinente ao mesmo local de trabalho em que o autor (no processo posterior) prestou serviços. Esclareça-se que não estamos a afirmar que uma tal prova emprestada não possa ser utilizada; o que estamos levando em conta é o fato de que, no geral, usa-se desse elemento probante para dispensar a produção de prova semelhante nos autos do processo que receberão tais elementos, por empréstimo. Daí por que a prova emprestada deve ser objeto de concertamento entre os contendores; fora disso, é prova imposta.

De qualquer sorte, a verdade dos fatos, reconhecida num processo, não vincula o convencimento do juiz em processo distinto, por força da norma legal (CPC, art. 504, II) que não coloca essa verdade sob o pálio da coisa julgada. Visto o assunto por esse ângulo, pode-se aplicar-lhe o dito sentencioso, em grande voga no âmbito processual, de que "cada caso é um caso", não sendo possível, em virtude disso, impor-se, para a generalidade das situações, uma prova produzida em apenas um deles.

Sobre não fazer coisa julgada a apreciação de **questões prejudiciais**, falamos há pouco.

Há a acrescentar, conclusivamente, que a prescrição extintiva (bienal, quinquenal), a despeito de ser considerada pela doutrina predominante como prejudicial de mérito (e não como preliminar) não se inclui no conceito de questão prejudicial, para o fim de incidência da regra contida no art. 503 do CPC.

Quando o juiz acolher a alegação de prescrição haverá extinção do processo com julgamento do mérito (CPC, art. 487, II) produzindo a sentença, em consequência, a coisa julgada material; não os seus motivos (CPC, art. 504, I), e, sim, a parte dispositiva.

Uma palavra final sobre o assunto

Sob o regime do diploma processual civil em vigor — e, por extensão, no plano do processo do trabalho — torna-se possível enunciar alguns princípios respeitantes ao binômio sentença/coisa julgada:

1) Só o dispositivo (também chamado *decisum*) produz coisa julgada (CPC, art. 504, I); nele se proclama o resultado da apreciação dos fatos e da concreção destes às regras jurídicas pertinentes, realizada na fundamentação (ou motivação). É no dispositivo em que se abriga a decisão.

Quando se fala, pois, em autoridade da coisa julgada, não se está, como se possa supor, fazendo referência à sentença como um todo, um bloco incindível, e, sim, à sua parte final, conclusiva, o dispositivo, na medida em que apenas a ele se reconhece a capacidade de gerar a coisa julgada e de ser por ela protegido.

A consequência prática desse princípio é que tudo aquilo que esteve na causa, mas não fez parte do dispositivo, não passa em julgado, podendo, com isso, a parte voltar a ingressar em juízo para, mediante ação específica, obter um pronunciamento jurisdicional sobre a matéria — nada obstante possa também valer-se dos embargos declaratórios para sanar a omissão. Digamos que o autor peça aviso prévio e horas extras e a sentença somente se pronuncie sobre o aviso prévio: tanto poderia o autor dirigir-se ao juiz para conseguir, no mesmo processo, mediante o manejo dos embargos de declaração, um suprimento do ponto omisso, quanto ajuizar outra ação para pedir, exclusivamente, a condenação do réu ao pagamento de horas extras.

Em que pese ao fato de as horas extras terem sido postuladas no primeiro processo, a sentença não se manifestou sobre esse pedido. Logo, não houve, quanto a esse ponto, entrega da prestação jurisdicional invocada; daí, ser lícito ao autor retornar a juízo com embargos declaratórios ou, na hipótese de haver precluído o prazo para o uso dessa medida, aforar outra ação, porquanto as horas extras, não tendo figurado no *decisum*, não foram afetadas pelo fenômeno da coisa julgada material.

2) Os motivos da sentença não fazem *res iudicata*, mesmo que sejam importantes para precisar o alcance dos efeitos que se irradiam da parte dispositiva (CPC, art. 504, I) Conquanto, por uma questão de ordem lógica, o *decisum* decorra da fundamentação e esta seja, por isso, parte integrante deste, a lei separa essas partes da sentença para dizer que unicamente o dispositivo produz coisa julgada. À motivação fica reservada a tarefa de esclarecer, de tornar compreensível o *decisum*.

Se, entretanto, em situação invulgar e anômala, o juiz embaralhar as partes da sentença, fundindo a motivação ao *decisum*, ou decidindo tanto lá como aqui, deverá ser afastada a aplicação do inc. I do art. 504, do CPC, para efeito de admitir-se que a rescisória tenha como destinatária, também, a fundamentação.

3) Não faz coisa julgada, igualmente, a verdade dos fatos, eleita como fundamento da sentença, com o que se permite, em tese, que um mesmo fato apresente duas ou mais versões de sua verdade.

4) A disciplina das questões prejudiciais é dúplice: a apreciação dessas questões, decidida incidentalmente no processo: 4.1. não fará coisa julgada; 4.2. salvo se, como tantas vezes assinalamos, tiver sido expressamente decidida e forem atendidos os pressupostos constantes dos incisos I a III, do § 1º, do art. 503, do CPC.

6.2. Limites subjetivos

A coisa julgada atinge, apenas, as pessoas que figuraram no processo como autora, ré, opoente, assistente e o mais, ou se projeta além, para alcançar aquelas que não integraram a relação jurídica processual?

A resposta a essa indagação envolve o problema dos limites subjetivos da *res iudicata*, de extrema importância sob o aspecto da realidade prática.

Em Roma, firmada a *litiscontestatio*(59), a decisão que viesse a ser proferida alcançaria somente as partes e não terceiros. Lê-se em Ulpiano, p. ex.: *cum res inter alios iudicata nullum aliis praeiudicium facient* (a coisa julgada não produz nenhum prejuízo a terceiros: D. 44.2.1); em Macer: *res inter alios iudicata aliis non praeiudicare* (a coisa julgada não prejudica terceiros: D. 44.1.63) e em Paulo: *non opportet ex sententia sive iusta sive iniusta, pro alio habita alium pregravari* (seja justa ou injusta, a sentença proferida entre as partes não deve atingir terceiros: D. 3.2.21).

Estabeleceu-se, portanto, no direito romano antigo, a regra de que a coisa julgada alcança somente as partes e não terceiros (*res inter alios iudicata, aliis non praeiudicare*).

O princípio embutido nessa regra era — e ainda é — perfeitamente justificável, porquanto não seria justo que pessoas que não houvessem participado da relação jurídica processual viessem a ser molestadas pela sentença. Mesmo em Roma, porém, não se ignorava que, em situações excepcionais, a sentença acabava por infiltrar os seus efeitos nos círculos jurídicos de terceiros, com maior ou menor intensidade.

O reconhecimento dessa possibilidade sobreviveu ao período medieval, em que os juristas da época encontraram enormes dificuldades para explicar, sob a óptica científica, o fenômeno consistente na repercussão da sentença na esfera dos indivíduos que não haviam integrado a relação jurídica processual.

---

(59) No período do direito romano arcaico (que vai das suas origens ao séc. II a.C.), os indivíduos envolvidos em conflito de interesses iam à presença do pretor e assumiam o compromisso de acatar o que viesse a ser decidido pelo árbitro. A esse compromisso se chamava litiscontestacio, cuja necessidade se justificava pelo fato de, em virtude do pensamento então dominante, não se admitir que o Estado se imiscuísse nos assuntos privados dos indivíduos em conflito. Escolhido, pelos litigantes, um árbitro em quem confiassem, este recebia do pretor a atribuição de dirimir o conflito. Modernamente, o vocábulo litiscontestatio vem sendo arbitrariamente utilizado para designar a lide, a ação ou mesmo o processo, conquanto este último já se tenha despojado da concepção privatística com que era visto outrora. Hoje, o caráter publicístico do processo prescinde de qualquer compromisso, pelas partes, no sentido de acatarem o que for decidido; mesmo contra a vontade destas, a sentença produzirá os efeitos que lhes são imanentes.

Mais tarde, Savigny procurou revigorar esse pensamento que a Idade Média maltratara, baseando-se em supostos vínculos de representação que os terceiros possuíssem em relação às partes. Daí denominar-se essa teoria de representação. Embora a doutrina ideada por Savigny houvesse amealhado adeptos pelo mundo, inclusive em terras brasileiras (Teixeira de Freitas, João Monteiro, Paula Batista), ela não sobreviveu às duras críticas que lhe endereçaram alguns juristas, no século XVIII, para os quais a teoria da representação não se harmonizava com o instituto jurídico da representação e, além disso, era insuficiente para explicar os casos em que, efetivamente, terceiros eram atingidos pelos efeitos da *res iudicata*.

Ihering, por sua vez, procurou demonstrar que os atos jurídicos acarretam efeitos diretos e efeitos indiretos, considerando como os primeiros aqueles que foram previstos e desejados pelos litigantes; como os segundos, os que não foram previstos nem desejados pelas partes, mas que se tornaram inevitáveis. Em razão disso, essa teoria recebeu a denominação de efeitos reflexos dos atos jurídicos. Ihering procurou melhor explicá-la com o uso de certos postulados da vida física, observando que se atirarmos uma pedra a um lago, circunjacentemente ao ponto em que tocou na água se formam ondulações concêntricas, a primeira mais volumosa e de menor diâmetro, e as demais, com diâmetro superior, mas menos volumosas, até que desapareçam por inteiro. Para o eminente jurista, o efeito desejado, na hipótese, foi acertar a pedra em algum ponto do lago, representando as ondulações, que a seguir se formaram, os efeitos não desejados, ou seja, os efeitos reflexos.

Inspirados na doutrina de Ihering, elaborou-se na Alemanha a teoria dos efeitos reflexos da coisa julgada, que também encontrou simpatizantes na Itália, graças à obra de Chiovenda, Betti, Redenti e Carnelutti, dentre outros.

Chiovenda se preocupou, todavia, em deixar claro que a afirmação de que a *res iudicata* vale em relação a terceiros não corresponde a aceitar o fato de que ela possa causar prejuízo a estes; prejuízo de natureza jurídica, porquanto o de fato é admissível.

Liebman, no entanto, conseguiu, com inegável talento, desnudar a inconsistência da teoria dos efeitos reflexos da sentença, ao mostrar que o equívoco fundamental dessa doutrina residia no fato de tomar a coisa julgada como efeito da sentença, quando na verdade ela é qualidade especial da sentença, protegendo-a com a cláusula da imutabilidade.

Para chegar a essa conclusão, Liebman separa a eficácia natural da sentença da coisa julgada e tira daí dois princípios: a) a eficácia natural da sentença alcança todas as pessoas; b) a autoridade da *res iudicata* está restrita às partes. Com isso, ele argumenta que como apenas a eficácia natural da sentença atinge terceiros (e não a coisa julgada), estes podem opor-se a ela, desde que prejudicados, para mostrar a sua injustiça ou, mesmo, ilegalidade. Ainda assim, para que os terceiros resistam à sentença há necessidade que possuam um interesse em antagonismo com a decisão; em sentido contrário, não poderão opor-se à sentença os terceiros cujo prejuízo acarretado por ela seja meramente de ordem prática, ou econômica, pois entre o direito afirmado pela sentença e o destes não há incompatibilidade.

Avançando em sua construção, Liebman destaca três categorias de terceiros: a) terceiros indiferentes (aqueles a quem a sentença não traz nenhum prejuízo); b) terceiros interessados praticamente (aqueles que sofrem, em virtude da sentença, prejuízos práticos ou econômicos); c) terceiros juridicamente interessados. Estes se bipartem em: c.a) terceiros que possuem interesse igual ao das partes; c.b) terceiros cujo interesse jurídico é de categoria inferior ao das partes (assim são ditos porque são titulares de relações jurídicas dependentes da relação jurídica *in iudicio deducta*).

O Código de Processo Civil brasileiro em vigor, ao dispor que "A sentença faz coisa julgada às partes entre as quais é dada, não prejudicando terceiros" (art. 506), denota haver incorporado o princípio que vem do direito romano; mas ao deixar expresso, no art. 778, I I, que podem também promover a execução, ou nela prosseguir, em sucessão ao exequente originário, o espólio, os herdeiros ou os sucessores do credor, toda vez que, por morte deste, lhes for transmitido o direito oriundo do título executivo, bem como o cessionário, quando o direito proveniente do título executivo lhe foi transferido por ato entre vivos (III) e no 779, III, que também pode ser sujeito passivo da execução o novo devedor, que assumiu, com a anuência do credor, a obrigação derivante do título executivo, deixa patenteado haver igualmente equiparado à parte determinados terceiros, para que se possam submeter aos efeitos da coisa julgada material.

7. Coisa julgada e relações jurídicas continuativas

O legislador cinzelou nestes termos o art. 505, do CPC atual: "Nenhum juiz decidirá novamente as questões já decididas, relativas à mesma lide, salvo: I — se, tratando-se de relação jurídica de trato continuado, sobreveio modificação no estado de fato ou de direito, caso em que poderá a parte pedir a revisão do que foi estatuído na sentença".

Dizem-se *de* **trato continuado** as relações jurídicas (materiais) que não se exaurem com o pronunciamento jurisdicional, pois são regidas por "regras jurídicas que projetam no tempo os próprios pressupostos, admitindo variações dos elementos quantitativos e qualificativos"[(60)].

---

(60) MIRANDA, Pontes de. *Comentários ao código de processo civil*. 1. ed., vol. 2., p. 369.

Na aplicação dessas regras, a sentença respeita os pressupostos vigentes ao tempo de seu proferimento, sem extinguir a relação jurídica, cujos elementos constitutivos ficam sujeitos à mutabilidade temporal. Caso típico são as sentenças que condenam a prestação periódica e às quais se têm chamado de determinativas.

Mesmo passando em julgado, a sentença que decidiu sobre uma relação jurídica continuativa pode ser revista, como permite o art. 505, I, parte final, do CPC. Nesse sentido, pode-se afirmar que as sentenças dessa natureza não se submetem ao comando do art. 502, do mesmo álbum processual, vale dizer, não são imutáveis nem indiscutíveis, porquanto trazem, de maneira implícita, a cláusula *rebus sic stantibus* (estando assim as coisas).

O processo do trabalho conhece, pelo menos, um caso característico de sentença que resolve situação jurídica da espécie continuativa e que, em razão disso, pode ser revista. Referimo-nos ao art. 873, da CLT, assim redigido: "Decorrido mais de 1 (um) ano de sua vigência, **caberá revisão das decisões que fixarem condições de trabalho, quando se tiverem modificado as circunstâncias que as ditaram, de modo que tais condições se hajam tornado injustas ou inaplicáveis**" (destacamos). Trata-se da conhecida ação coletiva de revisão de acórdão normativo; a ação mencionada deve constituir objeto de processo distinto daquele em que foi lançado o acórdão revisto.

As "circunstâncias", de que fala o art. 873, da CLT, são exatamente os pressupostos do tempo em que o acórdão original foi proferido e cujos elementos constitutivos sofreram variações quantitativas e qualificativas de razoável monta.

O acórdão revisor se prende, lógica e juridicamente, ao que será objeto de revisão, motivo por que não pode ignorá-lo ou afrontá-lo em sua essência.

Pode-se afirmar, pois, que a sentença (ou acórdão) que se pronuncie acerca de relação jurídica de trato continuado é revisável, contanto que haja sobrevindo modificação no estado de fato ou de direito, existente ao tempo em que ela foi emitida.

A execução por prestações sucessivas, de que se ocupam os arts. 890 a 892, da CLT, não se confunde com as sentenças que resolvem relações jurídicas continuativas, conquanto apresentem, em alguns momentos, pontos de contato com estas. Nem sempre a sentença que se manifesta sobre relação jurídica continuativa enseja a execução por prestações sucessivas, do mesmo modo como nem sempre a execução por prestações sucessivas decorre de sentença resolutória de relação jurídica que continua após o seu proferimento.

O importante a sublinhar-se é que não se deve pensar que a sentença determinativa não faça coisa julgada; fá-la, embora a sua nota particular fique por conta de ser passível de sujeitar-se a um processo de integração, imposto pela superveniência de modificações no estado de fato ou de direito apanhado pela sentença que se tenha pronunciado a respeito de relação jurídica continuativa, ou de trato sucessivo.

Cabe realçar que não só a modificação do estado de fato autoriza a revisão das sentenças determinativas; esse ato de rever o conteúdo do pronunciamento jurisdicional será plenamente admissível também no caso de alteração do direito em que se baseou a sentença.

A possibilidade de revisão das sentenças dessa natureza não é novidade trazida pelo art. 505, I, do CPC de 2015. O Texto de 1939 já se dedicara ao assunto, no art. 289, no qual o legislador, após declarar que nenhum juiz poderia decidir novamente as questões decididas, concernentes à mesma causa, abria umas poucas exceções a essa regra, dentre as quais quando o juiz houvesse decidido, segundo a equidade, determinada relação entre os litigantes, e estes "reclamarem revisão por haver-se modificado o estado de fato" (II). Não se previa, como se nota, nesse Código, a revisão da sentença determinativa em decorrência de modificação no estado de direito. O CPC de 1973 versou sobre o tema no art. 471.

Por fim, merece ser invocada a ponderanda observação feita por Wellington Moreira Pimentel de que a revisão das sentenças (ou acórdãos) que hajam decidido de relação jurídica continuativa se realiza em obséquio à coisa julgada e não em detrimento dela[61].

8. A doutrina da relativização da coisa julgada material

Conforme pudemos ver, no Capítulo III, o fundamento político da coisa julgada material é a necessidade de estabilização das relações jurídicas e sociais. Assim dizemos porque, formada a *res iudicata,* cessa a possibilidade de o pronunciamento jurisdicional ser impugnado mediante recurso, tornando-se, por esse motivo, "efetiva" a decisão, o que corresponde a afirmar, a solução do mérito. Daí, o fato de a doutrina e a jurisprudência aludirem à autoridade, à intangibilidade, à imutabilidade da coisa julgada material.

Considerando, todavia, a possibilidade de a coisa julgada haver-se constituído em decorrência de algum vício grave, o legislador brasileiro previu a ação rescisória como instrumento apto ao desfazimento das decisões judiciais transitadas em julgado, contendo esse tipo de falha. O atual CPC fixou o prazo decadencial de dois anos para o exercício da ação rescisória (art. 975). Exaurido esse prazo, sem que a ação haja sido proposta, o pronunciamento jurisdicional se torna definitivo, pois, em princípio, o sistema processual não reserva

---

(61) *Comentários ao código de processo civil.* São Paulo: Revista dos Tribunais, 1979. vol. VIII. p. 591.

ao interessado nenhuma outra medida dotada de eficácia para fazer cessar os efeitos da coisa julgada irregularmente constituída. A partir desse momento, portanto, o sistema judiciário nada mais tem a fazer, senão que, quando muito, ser solidário com a parte prejudicada pelo erro contaminador da coisa julgada material. Se, conforme o vetusto aforisma de origem romana, a coisa julgada material "faz do branco, negro, e do quadrado, redondo", essa conversão radical da natureza das coisas se torna realmente definitiva com o esgotamento do prazo para a propositura de ação rescisória.

De uns tempos até esta parte, contudo, certo setor mais lúcido da doutrina passou a manifestar uma espécie de indignação em face desse *status quo*, imposto pela norma legal, indagando se, tendo se esgotado o prazo para exercício da ação rescisória, verdadeiramente nada mais restaria a fazer do que se resignar diante desse quadro, mesmo sabendo que, em determinados casos, a decisão judicial transitada em julgada estava a colocar em risco a supremacia da ordem constitucional, por havê-la desrespeitado.

Da resposta a essa inquietante indagação nasceu um movimento que se viria denominar, mais tarde, de "relativização da coisa julgada" – e do qual temos a honra da precedência, nos sítios do processo do trabalho.

Com efeito, em livro pretérito, chamávamos a atenção ao fato de que o atributo da imutabilidade da coisa julgada – derivante da necessidade de estabilização das relações sociais e jurídicas – pressupunha que ela se houvesse formado **em consonância com a ordem constitucional**. Desse modo, fazer-se respeitar a autoridade e a imutabiidade da *res iudicata* implicava, *ipso facto*, defender-sea supremacia do texto constitucional. Invertendo o raciocínio, sustentávamos que quando a coisa julgada se formasse **contra a Constituição**, ela, longe de constituir um instrumento de pacificação das relações sociais e jurídicas, consisitia, isso, sim, em um elemento de perturbação dessas mesmas relações, pois não apenas na mente do vencido pelo provimento jurisdicional, mas, sobretudo, na consciência coletiva, jamais se acomodaria a aceitação de prevalência da coisa julgada diante do texto constitucional por esta violado.

A partir, portanto, dessa conscientização de que a coisa julgada contrária à Constituição da República colocava em risco toda a estrutura político-jurídica do Estado, passou-se a questionar se, mesmo assim, se deveria continuar a render culto, a prestar homenagem à coisa julgada, cuja figura, em nosso meio, se reveste, até mesmo, de uma certa sacralidade.

O produto desse questionamento, como dissemos, deu origem à teoria da "relativização da coisa julgada", concebida pela doutrina. Particularmente, não concordamos com o adjetivo "relativização", não tanto por não se encontrar dicionarizado, mas por ser impreciso, por induzir à ideia de que a *res iudicata* pode valer em relação a algumas pessoas, mas não no tocante a outras. Melhor seria, a nosso ver, que se falasse da **ineficácia dos atributos ou dos efeitos da coisa julgada**. Sabemos que a coisa julgada não é efeito da sentença, senão que qualidade desta. Todavia, podemos aludir aos atributos e aos efeitos da coisa julgada, que são a autoridade e a imutabilidade. Destarte, com a expressão por nós sugerida, de um lado, não se nega a ocorrência do fenômeno jurídico da coisa julgada material, segundo o conceito fixado pelo art. 502, do CPC, embora, de outro, não se lhe reconheçam os mencionados atributos e efeitos. Ou, quiçá, melhor seria aludir-se à "flexibilização da coisa julgada".

Pondo-se de parte o título que se deva pespegar a esta importante corrente de opinião, o que de concreto se tem é a sua razoabilidade, a sua consciência quanto à necessidade de ser preservada a supremacia da ordem constitucional, em um Estado Democrático de Direito, como é este, em que se funda a República Federativa do Brasil (Constituição Federal, art. 1º). Nada, afinal, pode sobrepor-se à Constituição, em situações de normalidade da vida democrática do País. Imaginemos, por exemplo, uma sentença judicial que acolhesse o pedido formulado por algum Estado-Membro, para separar-se da União, e que decorresse o prazo para o exercício da correspondente ação rescisória: mesmo assim, pergunta-se, a sentença deveria ser cumprida, em nome da sacralidade da coisa julgada material, ainda que essa decisão teratológica houvesse acarretado manifesta transgressão a uma das cláusulas pétreas da Constituição Federal, qual seja, o art. 1º, *caput*, conforme a qual a nossa República é formada pela "união indissolúvel dos Estados e Municípios e do Distrito Federal? ". Reconhecemos que este exemplo dificilmente vê verificará, em concreto. Não é, entretanto, de ocorrência impossível. Em todo o caso, podemos pensar em uma sentença que declare ser lícita a tortura; que proíba a manifestação do pensamento; que permita, como regra, a violação da intimidade, da vida privada, da honra, da imagem das pessoas, ou das suas casas, do sigilo de suas correspondências; que vede a possibilidade de associação; que elimine o direito de propriedade – enfim, que perpetre manifesta violência a normas constitucionais, sem que a coisa julgada, por ela produzida, possa ser desconstituída por haver decorrido o prazo de dois anos para ingressar-se com ação rescisória.

Cogitemos, enfim, de um pronunciamento jurisdicional que agrida, que violente os direitos e garantias fundamentais que a Constituição da República assegura aos indivíduos e às coletividades, dentre os quais se incluem os denominados "direitos sociais", que, por sua vez, enfeixam os direitos dos trabalhadores (salário mínimo, irredutibilidade salarial, férias anuais remuneradas, aposentadoria e o mais), e ver-se-á, a um só tempo: a) a insensatez dos que afirmam que, exaurido o prazo para a ação rescisória, nada mais será possível fazer para anatematizar uma coisa julgada contrária à própria Constituição; b) a razão dos que sustentam entendimento oposto.

Tem-se dito que a teoria da "relativização" da coisa julgada procura substituir o valor **segurança jurídica** pelo valor **justiça**. Em que pese ao fato de já havermos declarado nossa inteira simpatia e adesão a essa teoria, não estamos propensos a concordar com a referência feita ao valor **justiça**. Assim entendemos, porque o conceito de justiça é algo subjetivo, idiossincrático, de contornos não bem definidos, que poderia, em razão disso, ampliar em demasia os casos de atuação dessa teoria. Quer nos parecer que o substitutivo do valor: **segurança jurídica** seja o valor: **supremacia constitucional**. Dessa maneira, sempre que a coisa julgada se houver formado em antagonismo com a Constituição da República, poderá ser neutralizada, mesmo que ultrapassado o prazo de dois anos, estabelecido pelo art. 975, do CPC. Também se poderia propor que o valor a ser preservado fosse o **da supremacia da ordem legal**, caso se pretenda ampliar o campo de incidência da teoria da "relativização", para abarcar os casos em que a coisa julgada material haja violado norma legal infraconstitucional.

Temos para conosco que o zetético movimento doutrinal, que concebeu a notável teoria da "relativização" da coisa julgada material, é irreversível e se encontra vocacionado ao sucesso, mercê dos relevantes argumentos em que se funda. O escopo medular desse movimento é deitar por terra o dogmatismo em que se confina a coisa julgada, para rompê-lo em determinadas situações. O espaço, que ainda está para ser preenchido, no âmbito desse movimento, diz respeito ao alcance da teoria, vale dizer, em que casos ela seria aplicável. O tempo e os debates cuidarão de definir esse alcance.

Mediante a utilização pragmática da teoria da "relativização", basicamente, por uma destas duas vias se poderia neutralizar a eficácia da coisa julgada: a) mediante **ação rescisória**, sem fixação de prazo para o seu exercício; b) por meio de **ação declaratória**, que, por natureza, é imprescritível. Inclinamo-nos pela segunda medida. É elementar que, via alteração legislativa, se poderia consagrar a primeira solução. Entretanto, o que se está levando em conta, neste momento, não é isso e sim a aplicação da teoria da "relativização" da coisa julgada, que é de conteúdo doutrinário. Sob este aspecto, parece-nos recomendável reunir forças e argumentos em prol da **ação declaratória**, pois o manejo desta não implicaria desrespeito ao art. 975, do CPC, uma vez que não se estaria pretendendo desconstituir, desfazer a coisa julgada material, se não que, apenas, declarar a ausência de seus efeitos, em determinado caso concreto.

Já é tempo, enfim, de ser rompida a exacerbada inflexibilidade da coisa julgada, que doutrinas ortodoxas lhe atribuíram, exceto se nos rigozijarmos em prosseguir fazendo o recenseamento das vítimas que essa inflexibilidade vem produzindo. A sociedade moderna anseia por mudanças e, se o legislador se demora a atender a esses apelos, ou os ignora, cabe à doutrina, com seu espírito transformador da realidade, ocupar o espaço deixado pela inércia do legislador, a fim de livrar a sociedade da condenação perpétua de render culto à coisa julgada material, mesmo nas situações em que a construção desta se tenha feito com o material obtido da demolição arbitrária de parte do edifício constitucional.

E a jurisprudência bem faria se seguisse os passos dessa doutrina. Afinal, somente aquela pode tornar concreta a vocação transformadora de que esta, às vezes, como agora, se faz provida.

Não estamos, aqui, para argumentar com a "destruição criadora", de que nos falou Chumpeter, nem com a "modernidade líquida", referida por Bauman, que a tudo dissolve, como se pretendêssemos, num gesto iconoclasta, banir do mundo jurídico a coisa julgada material. Não é disso que estamos a nos ocupar. Nossa preocupação é demonstrar que, no terreno das concepções, das criações do gênio humano, enfim, nada pode ser inflexível, sem embargo de ser permanente ou eterno. Talvez, por isso, fosse realmente mais apropriado passarmos a falar em "flexibilização da coisa julgada", em lugar de "relativização". O título, entretanto, é o que menos importa.

CAPÍTULO XIII

IUDICIUM RESCINDENS E IUDICIUM RESCISSORIUM

1. Comentário

A possibilidade de cumulação dos juízos rescindente e rescisório foi assunto que, no passado, provocou renhidas discussões doutrinárias. Tais polêmicas decorriam do fato de os textos da época nada disporem a respeito do assunto (nem permitiam nem vedavam a cumulação), passando, então, a doutrina a atuar nesse vazio legislativo.

Já ao tempo em que esteve a viger o Regulamento n. 737, de 1850, percebia-se uma tendência doutrinária no sentido de separar os dois juízos, pois nem sempre o *rescissorium* seria chamado a intervir.

O Código de Processo Civil de 1939 também não tratou especificamente da matéria, conquanto alguns autores, estribados em adequada interpretação do art. 155 daquele diploma processual, advogassem a separação dos juízos; corolário disso é o pensamento de Luís Eulálio de Bueno Vidigal: "A cumulação do *rescindens* com o *rescissorium* é outra questão que, tendo dado margem para grandes controvérsias, ficou completamente esclarecida pelo Código de Processo Civil brasileiro (de 1939). Em face do seu art. 155, que somente permite a acumulação de pedidos quando competirem ao mesmo juiz e for idêntica a forma dos respectivos processos, é claro que os dois juízos têm de ser separados. Essa exigência nem sempre constituirá inutilidade. Haverá casos, se bem que raros, em que, com a simples anulação do julgado, ainda não fique prejudicada a ação em que foi proferida a sentença rescindida. O juiz que proferiu a sentença rescindida pode ter omitido algum fundamento por desnecessário diante do fundamento principal que, afinal, veio a cair na rescisória. É possível, assim, que, apesar de procedente a rescisória, venha a prevalecer a mesma conclusão da sentença rescindida. O julgamento definitivo da espécie pelo Tribunal de segunda instância não seria, de resto, desejável, pois implicaria condenável supressão de um grau de jurisdição, com sacrifício das garantias de justiça e sobrecarga de trabalho para os mais altos tribunais locais" (destacamos)[(62)].

---

(62) *Comentários...*, vol. VI. p. 193.

O Código de Processo Civil de 1973, todavia, resolveu definitivamente a questão ao estabelecer que, na petição inicial, deverá o autor "cumular ao pedido de rescisão, se fosse o caso, o de novo julgamento da causa" (art. 488, I).

O CPC de 2015 se manteve na mesma linha, como demonstra o seu art. 968: "A petição inicial será elaborada com observância dos requisitos essenciais do art. 319, devendo o autor: *I* – **cumular ao pedido de rescisão, se for o caso, o novo julgamento do processo**; II – [...]". (Destacamos)

Essa cumulação de pedidos não deve ser interpretada como uma faculdade do autor, e, sim, como um seu dever, porquanto o *caput* do art. 968 do Código não fala "podendo", e, sim, "devendo" (o autor). Dessa maneira, sendo o caso de cumulação de pedidos, mas o autor não a realizar, caberá ao juiz determinar que o faça, no prazo de quinze dias, sob pena de indeferimento da petição inicial (CPC, art. 321, parágrafo único). Insta ressaltar que o juiz não poderia agir aí *ex officio* para suprir a omissão da peça inaugural.

É no *iudicium rescindens* que se procura obter um provimento que desfaça, que desconstitua a sentença (ou o acórdão) de mérito passada em julgado, que se alega ser nula ou ilegal. É atributo exclusivo, pois, desse juízo fazer desaparecer do mundo jurídico a decisão ilaqueada por tais vícios endógenos (ou intrínsecos) ou exógenos (ou extrínsecos). Já no *iudicium rescissorium* o que se pede é um novo julgamento da lide, um "rejulgamento", se nos permitem o uso desse neologismo em voga.

Pode haver o juízo rescindente sem que haja o rescisório: caso se deseje, perante este, obter um decreto de nulidade da sentença rescindenda e tendo êxito essa pretensão, não se há que pensar em atuação do juízo rescisório, uma vez que, rescindida a sentença, o que ficou foi o vazio, o nihil jurisdicional, restabelecendo-se o estado anterior. O que é inconcebível é a atuação do juízo rescisório sem que se tenha passado pelo rescindente, pois nessa hipótese estar-se-á "rejulgando" matéria apreciada por decisão ainda incólume, pois não desconstituída. O *iudicium rescissorium* pressupõe, inevitavelmente, o rescindens.

No geral, a ação rescisória provoca o chamamento dos dois juízos, como se dá quando ela se funda nos incisos I (prevaricação, concussão ou corrupção do juiz), II (impedimento ou incompetência absoluta), III (dolo da parte vencedora em detrimento da vencida ou simulação ou colusão entre elas com o objetivo de fraudar a lei), V (violação manifesta a norma legal), VI (falsidade da prova em que se baseou a sentença rescindenda), VII (obtenção de prova nova), VIII (erro de fato), embora os casos enumerados comportem exceções.

Quando, porém, o tribunal acolhe a rescisória para fazer desaparecer a sentença que houvera perpetrado ofensa à coisa julgada (inc. IV), a atuação é exclusiva do *iudicium rescindens*, cuja tarefa consiste em restabelecer o império e a autoridade da *res iudicata*, que estavam sendo afrontados pela sentença rescindida.

O inc. I, do art. 968, do CPC, deixa patente, aliás, que o dever de o autor cumular ao pedido de rescisão o de novo julgamento da lide só existirá quando este **for o caso.** Essa ressalva efetuada pela norma legal surge como o ponto de sustentação do parecer doutrinário — de que compartilhamos — de que, em algumas hipóteses, a pretensão do autor se esgota com o pronunciamento do juízo rescindente, sendo, por isso, até mesmo ilógico que ele devesse pedir a interveniência do *rescissorium*.

Verifiquemos, agora, qual a natureza jurídica do acórdão proferido em ação rescisória, tendo como pano de fundo a clássica tripartição doutrinária dos provimentos jurisdicionais em declaratórios, constitutivos e condenatórios.

A nosso ver, o acórdão proferido pelo *iudicium rescindens* é, em princípio, de índole constitutiva, na medida em que modifica a relação jurídica estabelecida entre as partes. Será constitutivo propriamente dito quando acolher o pedido do autor e constitutivo-negativo quando o rejeitar.

Reconhecemos, entretanto, que quando o acórdão disser que a ação rescisória é incabível a sua natureza será essencialmente declaratória, pois estará afirmando (= declarando) a falta de adequação da *res in iudicio deducta* com as normas legais disciplinadoras do exercício da ação rescisória.

As decisões emanadas do *iudicium rescissorium*, contudo, são de natureza múltipla (declaratória, constitutiva ou condenatória), conforme seja o tipo de pedido formulado pelo autor (e também pelo réu). Assim, quando o acórdão rescisório disser que inexiste a relação de emprego admitida pela sentença rescindida, a sua natureza será declaratória (afirma não existir a relação jurídica trabalhista); a carga será, porém, de preponderante constitutividade se o acórdão admitir o direito do autor à estabilidade no emprego — direito que fora negado pela sentença desconstituída; será condenatória a decisão lançada pelo *iudicium rescissorium* quando impuser à parte determinada obrigação (de dar, de fazer ou de não fazer, de emitir declaração de vontade, de pagar quantia certa).

Cumpre esclarecer, todavia, que não existem pronunciamentos decisórios jurisdicionais puramente declaratórios, constitutivos ou condenatórios; o que há é a preponderância de uma "carga" de declaratoriedade, constitutividade e condenatoriedade, de que eles se façam dotados. Uma sentença que reconheça a relação de emprego alegada pelo autor e imponha ao réu o pagamento de certas quantias, é, a um só tempo, declarativa, constitutiva e condenatória, embora, na espécie, a carga declarativa figure como pressuposto para a presença das demais.

CAPÍTULO XIV

CAUSAS DE RESCINDIBILIDADE

1. Prevaricação, concussão e corrupção do juiz (CPC, art. 966, I)

1.1 Introdução

A leitura dos textos processuais do passado demonstra que estes possuíam forte apego ao vocábulo **peita**, quando versavam sobre o tema relativo à "nulidade" da sentença, em virtude de ato ligado à pessoa do juiz. Peita é originário do latim *pactum* (pacto) e significa, nos domínios do Direito Penal, o acordo, de natureza ilícita, por força do qual determinada pessoa, mediante paga ou promessa de pagamento, pratica ato com violação a devedores que são inerentes às suas funções.

De peita falaram, dentre outros, o Regulamento n. 737, de 1850, no art. 680, § 1º (A sentença será nula sendo dada por juiz peitado ou subornado); a Consolidação das Leis do Processo Civil elaborada por Ribas, no art. 1.613, § 1º, n. 3 (Há manifesta nulidade se a sentença é dada por peita ou suborno dos juízes) e o CPC de 1939, no art. 798, I, a (Será nula a sentença quando proferida por juiz peitado).

O CPC de 1973 rompeu com essa tradição terminológica, ao referir-se à prevaricação, concussão e corrupção do juiz, no lugar de peita ou suborno desse. Do mesmo modo procedeu o CPC de 2015.

Da menção feita a textos processuais de outrora, podemos extrair duas observações interessantes: a) o verbo dar (sentença dada), empregado, p. ex., no Regulamento n. 737 e na Consolidação de Ribas foi substituído pelo proferir, no CPC de 1939 — passando, a contar daí, a entrar definitivamente no gosto dos legisladores, da doutrina e da jurisprudência; b) o CPC de 1973, em apurada técnica e atendendo aos apelos da doutrina, abandonou a expressão "sentença nula", trocando-a pela sentença rescindível ("pode ser rescindida", diz o *caput* do art. 485). O CPC de 2015 fez o mesmo (art. 966, *caput*).

Cabe-nos investigar, agora, se os conceitos de prevaricação, concussão e corrupção do juiz, em tema de ação rescisória civil e trabalhista, devem coincidir com os enunciados pelos arts. 316, 317 e 319 do Código Penal, ou podem, ao contrário, ser construídos autonomamente, vale dizer, com elementos próprios, que atendam às necessidades do CPC vigente.

Pontes de Miranda preconiza a última solução: "Não se atenha o intérprete do art. 485, I, a texto de direito penal, posto que possam ser elementos para o conteúdo do conceito, porém, pelo fato de se conhecer o texto penal em vigor, não se diga que basta"[(63)].

Não perfilhamos, *data venia*, essa opinião.

Estamos convencidos de que não foi obra do acaso o fato de os legislador esprocessuais de 1973 e de 2015 haverem feito uso dos vocábulos prevaricação, concussão e corrupção; a não se entender assim, por que motivo eles teriam abandonado o tradicional emprego dos termos peita e suborno, pelos quais tanto se afeiçoavam os legisladores do passado? Não se diga que o impeliu o mero gosto pela novidade baldia. Nada disso. Parece-nos razoável concluir que essa atitude da legislatura foi ditada pela preocupação de evitar a possibilidade de ser elastecido, pela atuação dos intérpretes, o elenco dos atos judiciais desonestos de que a parte poderia valer-se para buscar a desconstituição da coisa julgada material.

A referência aos vocábulos prevaricação, concussão e corrupção os colou aos conceitos emitidos pelo Direito Penal, daí por que qualquer interpretação que extravase os limites fixados pelos arts. 316, 317 e 319 do Código Penal será arbitrária e, por isso, censurável.

1.2. Prevaricação

Oriundo do latim *praevaricatio*, de *praevaricari* (faltar ao dever, afastar-se do dever), o substantivo prevaricação identifica um dos crimes praticados por funcionário público contra a administração pública em geral, consistente, a teor do art. 319 do Código Penal, em "Retardar ou deixar de praticar, indevidamente, ato de ofício, ou praticá-lo contra disposição expressa de lei, para satisfazer interesse ou sentimento pessoal".

Para efeito de configuração desse crime, o juiz foi equiparado a funcionário público, pois, em rigor, não o é. Divergimos, por isso, de Arruda Alvim quando afirma que "O juiz pode ser considerado, num sentido lato, um funcionário público. No entanto, tantas e tais são as peculiaridades que envolvem a sua posição, que o distanciam muito do verdadeiro funcionário público e do regime jurídico a que este se submete" (destacamos)[(64)].

---

(63) *Tratado da ação rescisória*, p. 221.
(64) *Curso de direito processual civil*. São Paulo: Revista dos Tribunais, 1971. vol. I, p. 488.

Ora, nem mesmo *lato sensu*, ou por antonomásia, o juiz pode ser considerado um funcionário público, porquanto ele não é preposto de nenhum dos Poderes do Estado, e, sim, órgão, elemento celular do Poder Judiciário, como evidencia o art. 92 da Constituição Federal. Assim sendo, a concessão única que se pode fazer, nesse terreno, será reconhecer-se (como já o fizemos) que para os efeitos dos arts. 319, do Código Penal, e 966, I, do CPC — e tão somente para isso — ele foi equiparado ou assemelhado ao funcionário público.

Nas palavras de Bento de Faria – proferidas na vigência do CPC de 1973 – a prevaricação se caracterizava "pela infidelidade ao dever funcional e pela parcialidade no seu desempenho"(65); esse parecer não se aplicava por inteiro ao magistrado, pois a sua imparcialidade no desempenho das funções já é uma falta a dever funcional, como se extrai da dicção do art. 139, I, do CPC de 2015, Coqueijo Costa, ao adotar pensamento idêntico ao de Bento de Faria, não atentou para tal particularidade(66).

Uma criteriosa dissecação do art. 319 do Código Penal nos revela os requisitos para a tipificação do delito que ele se ocupou em conceituar: a) a qualidade de funcionário público ou de magistrado do agente; b) o retardamento ou a omissão injustificada na prática de ato de ofício ou a sua realização contrária à lei; c) o motivo, consubstanciado no dolo específico.

O "ato de ofício", de que fala o dispositivo legal em exame, não deve, porém, ser inteligido no sentido de ato que o juiz haja praticado por sua iniciativa (*ex officio*) e sim de ato que é inerente ao exercício de suas funções.

Sérgio Rizzi reputa dispensável a prova, no juízo rescindente, do elemento subjetivo do delito, que é obrigatório para o seu reconhecimento(67). Uma vez mais, somos levados a discordar. Se tomarmos como elemento subjetivo do delito a satisfação de interesse ou de sentimento pessoal do juiz (ódio, vingança, gratidão, temor, cupidez etc.), parece-nos indispensável que o autor prove, no órgão de rescisão, não só esse fato, mas também que este foi o móvel da falta contra os deveres funcionais.

Merece ser referido o interessante comentário feito por Bueno Vidigal, de que o legislador deveria ter também permitido o uso da rescisória às partes prejudicadas por atos de seus advogados, que tipificassem o crime de patrocínio infiel ou de patrocínio simultâneo, previsto no art. 355 do Código Penal, pois o advogado, além de mandatário da parte, é auxiliar da justiça(68).

---

(65) *Código penal brasileiro* (Comentado). 2. ed., Rio de Janeiro: Record Editora, 1959, vol. VII. p. 109/111.
(66) *Ação rescisória*. 3. ed.,São Paulo: LTr, 1984. p. 40.
(67) *Ação rescisória*. São Paulo: Revista dos Tribunais, 1979. p. 52.
(68) *Comentários...*, pág. 58.

Convém aos interesses doutrinários, e também de ordem prática, estabelecermos um divisor das águas em que se situam a prevaricação, a concussão e a corrupção, sob o ângulo dos conceitos penalísticos: se o juiz limitar-se a retardar a realização do ato; deixar de praticá-lo ou realizá-lo contra expressa disposição de lei, sem que essa falta contra o dever funcional decorra de uma sua exigência de vantagem ilícita, ou de avença com a parte, para esse fim, o crime será de prevaricação; provindo, entretanto, a vantagem de imposição do juiz ou de ajuste com a parte ou mesmo com terceiro, o delito será de concussão ou de corrupção, conforme seja o caso.

1.3 Concussão

Do latim *concussio* (extorsão), concussão significava, no direito romano, o *crimen repetundarum*, caracterizado pelo abuso do poder público, por parte da autoridade.

Não é muito diferente disso o seu conceito no direito penal moderno, em que o termo é utilizado para designar o crime praticado por funcionário público, consistente em exigir, para si ou para terceiro, vantagem indevida.

Dela diz o art. 316 do Código Penal: "Exigir, para si ou para outrem, direta ou indiretamente, ainda que fora da função ou antes de assumi-la, mas em razão dela, vantagem indevida".

Alguns autores, como Nélson Hungria, entendem que essa vantagem é de natureza econômica[69]. Pensamos de modo diverso. Não havendo o legislador dito qual a espécie de vantagem exigida pelo funcionário público ou pelo juiz, não é lícito ao intérprete estabelecer qualquer distinção quanto a isso; logo, a vantagem, na espécie, será de qualquer ordem, bastando que a sua exigência se amolde à previsão do art. 316 do Código Penal. Não nos parece recomendável, além disso, uma interpretação restritiva dessa norma legal, máxime em relação ao magistrado, em que eventual exigência de vantagem — direta ou indireta, para si ou para terceiro — constitui algo que atinge, na base, a instituição a que ele pertence e representa um gravíssimo desvio do seu ontológico dever de neutralidade (e de probidade, sem dúvida) no exercício das funções.

Perceba-se que a lei penal admite a configuração do delito ainda que o funcionário ou o juiz pratique o ato: a) fora da função; ou b) antes de assumi-la. No primeiro caso, temos, p. ex., o juiz que se encontra em férias; em licença; à disposição; enfim, que se tenha afastado do exercício das funções por algum motivo; no segundo, o juiz que já foi nomeado, mas não recebeu ainda investidura no cargo.

---

(69) *Comentários ao código penal*. Rio de Janeiro: Forense, 1958. vol. IX. p. 376.

O importante é que a exigência de vantagem ilícita, para tipificar o delito de concussão, pode ser formulada mesmo fora da função, mas desde que o seja em razão dela.

Há, assim, um nexo indissolúvel entre o ato e a função do agente (juiz, funcionário público).

Como a concussão é um crime formal, será suficiente para caracterizá-la a simples exigência de vantagem indevida, pouco importando que essa vantagem não venha a ser concedida; ou que a própria exigência não venha a ser aceita pela outra parte.

1.4. Corrupção

Derivada do latim *corruptio*, de *corrumpere* (pôr a perder, estragar, destruir, corromper), a palavra corrupção compreende, nos domínios da ciência penal, a ativa e a passiva. É ativa quando determinada pessoa oferece a juiz ou a funcionário público certa vantagem, a fim de que este retarde a realização de ato de ofício, ou mesmo não o pratique; passiva, quando o próprio funcionário ou juiz solicita ou recebe, para si ou para outrem, direta ou indiretamente, vantagem indevida.

Desse crime trata o art. 317 do Código Penal:

"Solicitar ou receber, para si ou para outrem, direta ou indiretamente, ainda que fora da função ou antes de assumi-la, mas em razão dela, vantagem indevida, ou aceitar promessa de tal vantagem."

Pontes de Miranda opina que a corrupção do juiz, para ensejar a rescisão da sentença por ele proferida, tanto pode ser ativa quanto passiva[70].

Venia permissa, consideramos absolutamente insustentável — em face do direito — o pensamento do notável jurista. Ora, a corrupção ativa constitui crime praticado por particular contra a administração da justiça, não sendo admissível, por isso, que possa vir a ser posto em prática pelo juiz, que, como ressabemos, é órgão de um dos Poderes da União (Const. Fed., arts. 2º e 92). Chega a ser ilógico, inclusive, pensar-se que o juiz possa ser, a um só tempo, o sujeito ativo e o sujeito passivo do delito, pois seria ele o ofertante da vantagem indevida e o aceitante dessa vantagem.

Não foi sem razão que o Código Penal colocou, em capítulos distintos, os crimes praticados por particular contra a administração da justiça e os cometidos contra essa mesma administração por funcionário público. O primeiro tem sua sede no art. 333; o segundo, no art. 317.

---

(70) *Tratado...*, p. 224.

Também na corrupção passiva cremos que a vantagem, para configurá-la, possa ser de natureza econômica, ou não; limitá-la àquela seria insensatez.

É irrelevante, ainda, que a solicitação de vantagem haja sido feita pelo juiz ou por interposta pessoa, assim como ser essa vantagem destinada ao juiz ou a terceiro. Despiciendo, também, será o fato de essa solicitação de vantagem indevida haver sido recusada pela parte: o simples ato de formulá-la coloca o juiz no lodo da corrupção.

Oportuno, neste momento, o magistério de Nélson Hungria, sobre a dessemelhança da concussão, relativamente à corrupção passiva: "Muito se assemelha a concussão à corrupção passiva (art. 317), mas não há confundir uma com outra: na corrupção, o funcionário não impõe ou há um acordo de vontades (o *intraneus* que solicita ou recebe a vantagem indevida e o *extraneus* que a oferece ou promete são, ambos, sujeitos ativos, aquele de corrupção passiva e este de corrupção ativa); enquanto na concussão, ao revés, não há, como dizia Farinácio, um aponte *pecuniam dans*, pois aquele a quem é exigida a vantagem indevida é sempre sujeito passivo, está sob pressão ou induzido a erro, e somente cederá *metu publicae potestatis*. Na corrupção o funcionário solicita ou aceita; na concussão, exige"[(71)].

Alguns sistemas europeus exigem que a corrupção, a peita, o suborno, a prevaricação do juiz, para serem invocados como fundamento de ações tendentes a desfazer a sentença por ele dada, devem ter sido objeto de pronunciamento jurisdicional anterior, ou seja, o juiz deve ter sido condenado por um desses crimes.

Seria esse, também, o caso brasileiro?

Pensamos que não. Nenhuma referência a essa prévia condenação do juiz é feita pelo inc. I, do art. 966, do CPC. Não se imagine ser simplório este argumento, pois quando o legislador desejou que houvesse pronunciamento jurisdicional acerca de um fato por ele mesmo previsto como causa de rescindibilidade do julgado, assim se manifestou claramente, como se deu, v. g., no inc. VI do mesmo artigo, em que a falsidade da prova pode ser declarada em processo criminal ou provada na própria rescisória.

O assunto pertinente à prevaricação, concussão ou corrupção (passiva) do juiz, em primeiro grau de jurisdição, não oferece outras dificuldades, além das já apreciadas.

Devemos nos dedicar agora, ao exame do problema nos tribunais. O que se busca saber aqui é se o acórdão será rescindível apenas se o voto do juiz infrator

---

(71) Ob. cit., p. 360.

integrar a corrente vencedora, ou se a rescisão será possível mesmo que esse voto haja ficado vencido.

Luís Eulálio de Bueno Vidigal opta pela última solução, argumentando: "Inútil será procurar demonstrar que, mesmo sem o voto do juiz peitado, o julgamento teria sido o mesmo. Nunca se pode saber com certeza até que ponto o voto e às vezes o relatório desse juiz terão influído nos dos demais. Por isso, será nula a sentença desde que, no julgamento colegial final da causa, tenha tomado parte um único juiz peitado"(72). As alusões feitas a "juiz peitado" e à "sentença nula", na verdade, só se justificavam ao tempo em que esteve a viger o Código de 1939 (art. 798), porquanto o atual, em melhor técnica, fala em sentença dada por prevaricação, concussão e corrupção e em "sentença rescindível".

A opinião assumida por Bueno Vidigal é ponderável, pois coloca em destaque o fato de um juiz infrator de deveres funcionais haver participado da sessão de julgamento, nela proferindo o seu voto, o que, para o eminente autor, é bastante para contaminar o acórdão, ainda que tal voto tenha sido vencido. Poderíamos, em razão disso, denominar de ortodoxo o parecer de Bueno Vidigal.

Divergimos, porém, desse pensamento.

A nosso ver, somente será rescindível o acordo se o voto do juiz infrator houver integrado a corrente vencedora. Não se objete que este entendimento põe em risco o prestígio e a respeitabilidade das decisões judiciais, porquanto o juiz infrator poderá ser legalmente punido sem que haja necessidade de desconstituir o acórdão — que seguirá espelhando os votos da maioria dos membros da Corte. São, pois, perfeitamente conciliáveis a manutenção do convencimento jurídico manifestado pela maioria dos integrantes da Turma, Seção Especializada ou Pleno e a necessidade de punir-se o juiz que haja prevaricado, sido concussionário ou corrompido. Poderíamos, mesmo, utilizar o princípio da transcendência, cesurado no art. 794 da CLT, no sentido de que só haverá nulidade (leia-se: rescindibilidade) quando dos atos inquinados resultar evidente prejuízo às partes. Ora, na espécie não se pode dizer que o voto (ou conjunto de votos) produto de prevaricação, concussão ou corrupção do juiz tenha carretado prejuízo à parte que pretende rescindir o julgado.

Admitir-se, aliás, que seja rescindível o acórdão mesmo que o voto do juiz infrator tenha ficado vencido, seria, de certa maneira, permitir que a parte se beneficiasse da própria torpeza, pois estaria, em última análise, intentando desconstituir o acórdão com fulcro em um ato ilícito de que ela participou.

Diante disso, seguimos firmes em nossa opinião de que será rescindível unicamente o acórdão cuja corrente vencedora tenha contado com o voto do juiz infrator (ou dos juízes infratores). Pouco importa, para essa finalidade, que a

---

(72) Ob. cit., p. 60.

dedução desse voto não altere, numericamente, o resultado do julgamento. Em muitos casos, é precisamente votos como esse que influenciam, decisivamente, os demais; ou podem influenciá-los. Pretender objetar-nos com as palavras de Rudolf Stammler, de que "nenhum juiz está obrigado a aceitar as decisões de outros juízes e tribunais, como norma de decidir, quando contrárias à sua convicção"(73), será, de um lado, ignorar a composição peculiar dos tribunais e, de outro, pensar que os juízes em geral possuem, sempre, convicção a respeito de todas as questões que lhes são submetidas a julgamento.

O que se deve presumir, portanto, é que o voto emitido pelo juiz infrator haja influenciado — com maior ou menor intensidade — a formação do convencimento jurídico dos demais pares, e isso é razão jurídica suficiente para autorizar a rescisão do acórdão.

Pergunta-se, por fim: estando a ação rescisória fundada em prevaricação, concussão ou corrupção passiva do juiz, os atos processuais devem ser praticados em segredo de justiça?

Sabemos que o princípio legal diz da publicidade dos atos do processo (CLT, art. 770, *caput;* CPC, art. 189, *caput*, primeira parte). Cremos, todavia, que a sessão do tribunal, concernente à rescisória baseada em infração do juiz a deveres funcionais (como os mencionados), deve ser realizada a portas fechadas (CPC, arts. 189 e 368), vale dizer, os atos do processo devem ser praticados em segredo de justiça, pois assim o exige o interesse público ou social (CPC, art. 189, I — a que o art. 770, *caput*, da CLT, se refere como interesse social).

A publicidade ampla poderia provocar profundos e injustificáveis constrangimentos ao juiz inquinado de infrator; este, a propósito, não deve ser afastado do exercício de suas funções em virtude da ação rescisória, pois tal afastamento só se torna necessário na hipótese de ajuizamento de ação penal, em que ele figure como réu.

Parece-nos ser esta a melhor solução a ser adotada, exceto se, em situações especiais, for recomendável o afastamento do juiz, em face da ação rescisória em que se alegue, contra ele, prevaricação, concussão ou corrupção passiva.

2. Impedimento e incompetência absoluta (CPC, art. 966, II)

2.1. Introdução

O art. 680, § 1º, do Regulamento Imperial n. 737, previa como causas de "nulidade" da sentença a suspeição e a incompetência.

---

(73) *Apud* Frederico Marques, "Instituições...", 2. ed. Rio de Janeiro: Forense, 1962. vol. I. p. 182.

A Consolidação das Leis do Processo Civil, de Ribas, mantendo a referência à "nulidade", cuidava apenas da incompetência (deixando de lado, portanto, o impedimento).

O Código de Processo Civil de 1939, melhorando em técnica, incluía, além da peita, o impedimento e a incompetência *ratione materiae*, embora também falasse em "nulidade" da sentença.

O diploma processual civil de 1973 introduziu, no inc. II, do art. 485, o impedimento e a incompetência absoluta como fundamento para a rescindibilidade dos pronunciamentos jurisdicionais que hajam examinado o mérito da causa. O CPC de 2015 alude, em melhor técnica, ao impedimento *do* **juiz** e à incompetência absoluta *do* **juízo**. A propósito, em livro anterior, quando estava a viger o CPC de 1973, escrevemos: "Não deve ser, todavia, objeto de considerações encomiásticas o critério metodológico utilizado pelo legislador processual de 1973, pois, na verdade, do ponto de vista subjetivo distinguem-se o impedimento e a incompetência: o primeiro pertine à pessoa do juiz; a segunda, ao juízo. Tão errado como dizer-se impedimento do juízo será falar-se incompetência do juiz — nada obstante esse equívoco tenha sido prestigiado pelo inc. II do art. 485 do CPC"(*Ação Rescisória*. 5ª ed. p. 184).

Valeu, pois, a crítica.

2.2. Impedimento

O impedimento representa um veto legal absoluto à atuação do juiz no processo ("sendo-lhe vedado", declara o art. 144, *caput*, do CPC), e se destina a preservar o seu dever de imparcialidade na solução dos conflitos de interesses (art. 139, I).

Não importa que um juiz impedido seja rigorosamente imparcial, justo, equânime: a lei não foi feita apenas para este ou para aquele juiz senão que para a universalidade dos julgadores. Por esse motivo, a norma legal presume a parcialidade do juiz impedido; essa presunção não é relativa (*iuris tantum*) e sim absoluta (*iure et de iure*), motivo por que não se há como pretender elidi-la; ela constitui, mesmo, um dos instrumentos de garantia do devido processo legal (*due process of law*) — um dos traços marcantes dos Estados democráticos; mais do que isso, um seu sustentáculo.

O impedimento é, pois, um vício subjetivo que a lei atribui ao julgador.

A fim de evitar certas controvérsias de ordem prática, doutrinária e jurisprudencial, o legislador procurou relacionar os casos de impedimento, embora reconheçamos que esse rol não é, rigorosamente, exaustivo. Dispõe o art. 144 do CPC ser proibido ao juiz exercer as suas funções no processo:

a. em que interveio como mandatário da parte, oficiou como perito, funcionou como membro do Ministério Público, ou prestou depoimento como testemunha;

b. de que conheceu em outro grau de jurisdição, tendo proferido decisão;

c. quando nele estiver postulando, como defensor público, advogado, ou membro do Ministério Público, o seu cônjuge ou companheiro, ou qualquer parente, consanguíneo ou afim, em linha reta ou colateral até o terceiro grau;

d. quando for parte no processo ele próprio, seu cônjuge ou companheiro, ou parente, consanguíneo ou afim, em linha reta, ou colateral, até o terceiro grau, inclusive;

e. quando for sócio ou membro de direção ou de administração de pessoa jurídica parte no processo;

f. quando for herdeiro presuntivo, donatário ou empregador de qualquer das partes;

g. em que figuere como parte instituição de ensino com a qual tenha relação de emprego ou decorrente de contrato de prestação de serviços;

h. em que figure como parte cliente do escritório de advocacia do seu cônjuge, companheiro ou parente, consanguíneo ou afim, em linha reta ou colateral, até o terceiro grau, inclusive, mesmo que patrocinado por advogado de outro escritório;

i. quando promover ação contra a parte ou seu advogado.

No que tange à letra "b", retro, devemos deixar claro que o juiz somente estará impedido de atuar no processo de que participou em primeiro grau, tendo-lhe proferido sentença ou decisão, pois esse impedimento só compreende a atuação do juiz na mesma relação processual. Dessa forma, se ele proferiu a sentença e agora se encontra no tribunal, não poderá fazer parte do julgamento do recurso interposto daquela sentença, porquanto a relação jurídica processual ainda é a mesma. Nada o impede, contudo, de participar do julgamento da ação rescisória cuja sentença rescindenda tenha sido por ele emitida, pois aqui haverá uma nova relação jurídica processual e, conseguintemente, se torna inaplicável a regra proibitiva constante do inc. II, do art. 144, do CPC. Correta, por isso, a orientação jurisprudencial cristalizada na Súmula n. 252 do Supremo Tribunal Federal: "Na ação rescisória, não estão impedidos os juízes que participaram do julgamento rescindendo". Correta, do ponto de vista técnico, esclareça-se. Sob o ângulo político, entretanto, será sempre recomendável que o juiz não participe do julgamento de ação rescisória tendo como objeto decisão por ele proferida em outro grau de jurisdição. Conquanto essa participação possa ser considerada legal, é antiética. De qualquer modo, a despeito da Súmula n. 252, do Excelso Pretório, estamos plenamente convencidos de que o juiz não poderá (impedimento) participar do julgamento da ação rescisória, na hipótese em exame, quando o fundamento desta for prevaricação, concussão ou corrupção do referido juiz.

No caso da letra "c", retro: 1) o impedimento somente estará caracterizado quando as pessoas lá mencionadas já integravam o processo antes de o juiz iniciar a suas atividades no mesmo processo; 2) haverá impedimento no caso de o mandato ser outorgado a membro de escritório de advocacia que possua em seus quadros advogado que, individualmente, ostente a condição nele prevista, ainda que não intervenha, de maneira direta, no processo (CPC, art. 144, §§ 1º e 3º, respectivamente).

Além disso, a lei veda a criação de fato superveniente com o objetivo de criar o impedimento do juiz (*ibidem*, § 2º).

Estabelece, ainda, o art. 147 do mesmo Código que quando dois ou mais juízes forem parentes, consanguíneos ou afins, em linha reta ou na colateral, até o terceiro grau, inclusive, o primeiro que conhecer do processo impede que o outro nele atue, caso em que o segundo se escusará, remetendo os autos ao seu substituto legal.

Por outro lado, determina o art. 452, I, do CPC, que quando for arrolado como testemunha o juiz da causa, este: a) declarar-se-á impedido, se possuir conhecimento dos fatos, que possam influir na decisão. Isso quer dizer que se o juiz tiver conhecimento dos fatos que embora digam respeito à causa em que ele exerce as suas funções sejam veniais, despiciendos, vale dizer, irrelevantes para a composição da lide, não haverá impedimento à sua continuidade no processo; b) se nada souber, mandará excluir o seu nome do rol de testemunhas.

Se o impedimento do juiz já existia ao tempo do proferimento da sentença e a parte interessada deixou de oferecer exceção (CLT, art. 799), essa sua incúria (ou ignorância) a inibirá de ajuizar, mais tarde, ação rescisória fundada, exatamente, nesse impedimento? É evidente que não. A falta de oferecimento de exceção de impedimento, em primeiro grau de jurisdição, não produz nenhum efeito preclusivo para a parte omissa. Não podemos nos esquecer que o impedimento implica, para o juiz, um inflexível dever de abstenção, pois é a ele, acima de tudo, que se dirige o mandamento incorporado no art. 144 do CPC. Se o juiz violar o seu dever de abstenção, renderá ensejo à sua recusa, por qualquer das partes; essa recusa será manifestada, mesmo nos tribunais, sob a forma de exceção de impedimento, cujo procedimento obedecerá ao que dispuser a norma interna *corporis*.

Do mesmo modo, será digno de preterição o fato de a exceção de impedimento haver sido rejeitada em primeiro grau (cumpre esclarecer que,

ao reverso do sistema, adotado pelo CPC, o da CLT prevê o julgamento da exceção de impedimento e de suspeição pelo próprio órgão de primeiro grau a que se acha integrado o membro inquinado com esse vício subjetivo, como evidencia o art. 802), pois isso não tolherá da parte a possibilidade de aforar a rescisória com fulcro nesse mesmo impedimento rechaçado pelo órgão de prolação da sentença rescindenda.

A CLT relaciona, no art. 801, os casos de suspeição do juiz; o de "parentesco por consanguinidade ou afinidade até o terceiro grau civil (letra c) é, porém, de impedimento. A alusão a essa norma processual trabalhista nos induz a observar que os motivos de impedimento do juiz não se resumem ao parentesco, pois abarcam todos aqueles descritos pelos arts. 144 e 147, do CPC"

A suspeição (CLT, art. 801, a, b, d; CPC, art. 145, I a IV); embora também seja um vício subjetivo do julgador, não significa, ao contrário do impedimento, um veto absoluto à sua atuação. O seu dever de abstenção, aqui, é apenas relativo. Tanto isso é certo, que se a parte interessada não oferecer, no momento oportuno, a correspondente exceção, o motivo da suspeição restará, na maioria das vezes, diluído, rarefeito, ficando o juiz liberado para exercer as suas funções no processo.

Permite a lei, ainda, que o juiz se declare suspeito por motivo de foro íntimo, sem necessidade de declaras as suas razões (CPC, art. 145, § 1º).

Seguramente pelas repercussões menos graves no dever de imparcialidade do juiz é que a suspeição não foi incluída no elenco legal das causas de rescindibilidade dos julgados (CPC, art. 966, II).

Vimos que o art. 144 do CPC proíbe o juiz impedido de atuar no processo. Também pudemos mostrar que a locução "jurisdição voluntária", em sua essência, nada significa, pois o que há aí é simples administração pública de interesses privados e o juiz a realiza não por sua iniciativa, e, sim a requerimento do interessado. É compreensível a preocupação que presidiu o legislador, ao determinar que mesmo nos casos de "jurisdição voluntária" não poderia ser dispensado o dever de neutralidade do magistrado. O que se deve ter em mente, no entanto, é que mesmo vindo o juiz a violar esse dever de abstenção (absoluto) a decisão que proferir em sede de "jurisdição voluntária" não será rescindível, pois a ação rescisória está restritivamente reservada às sentenças de mérito (CPC, art. 966, *caput*) passadas em julgado.

O *caput* do art. 144 do CPC não pode ser, portanto, interpretado em dissonância com o *caput* do art. 966, do mesmo estatuto processual, sob pena de danosa deturpação do senso literal deste, sempre que se estiver discorrendo sobre o impedimento como causa de rescisão dos julgados. Ademais, a "jurisdição voluntária" não se amolda às situações excepcionais, de que tratam os incisos I e II, do § 2ºdo art. 966.

Renovamos, agora, a mesma pergunta que formulamos ao tratarmos da prevaricação, concussão e corrupção passiva: para a rescindibilidade do acórdão é bastante a participação do juiz impedido no julgamento em que ele foi proferido, ou o seu voto deve ter integrado a soma dos votos vencedores, ou, ainda, esse voto deverá ser decisivo?

Igualmente aqui entendemos que será suficiente para fundar a rescisória o fato de o voto emitido pelo juiz impedido haver composto a corrente vitoriosa. Por mais forte razão, a rescisória deverá ser admitida quando tal voto foi decisivo para o resultado do julgamento. O que não nos parece aceitável é um voto dado por juiz, impedido motivar a rescisão do acórdão, quando esse voto, por integrar a corrente vencida (ou por ser o único contrário à tese vencedora), não possuir nenhuma influência no resultado qualitativo ou quantitativo do julgamento. Imaginemos, p. ex., que o autor tivesse pleno conhecimento da causa de impedimento de um ou mais juízes do tribunal, já na época do julgamento do recurso por ele interposto, mas preferisse não arguir o impedimento, supondo que o tribunal proveria o recurso, em virtude, principalmente, do cômputo dos votos proferidos pelos juízes impedidos. Como, entretanto, o órgão ad quem negou provimento ao recurso, o então recorrente se apressa em ingressar com a ação rescisória, fundada no impedimento que já era de sua ciência há muito tempo, colimando desfazer o acórdão que foi contrário aos seus interesses.

De resto, é desarrazoado pensar que a ação rescisória estribada em impedimento de juiz deva processar-se em segredo de justiça, *ad instar* do que se passa nas hipóteses de prevaricação, concussão e corrupção passiva; é que no impedimento o vício é de natureza extrínseca, sendo, pois, objetivamente constatável.

2.3. Incompetência absoluta

Tradicionalmente, a doutrina adota um critério quinário para a determinação das competências: a) matéria; b) pessoa; c) função; d) território; e e) valor.

Como dissemos no item anterior, a competência se refere ao juízo e não ao juiz; a este dizem respeito, isso sim, o impedimento e a suspeição, vícios de natureza, eminentemente, subjetiva.

Não é inexata, de outra parte, a difundida assertiva de que a competência é "a medida da jurisdição".

Biparte-se a incompetência em: a) absoluta; e b) relativa. Compreendem-se, na primeira, as: em razão da matéria, da pessoa e da hierarquia (ou funcional); na segunda, as: em razão do território e do valor.

Essa divisão dicotômica apresenta relevante interesse de ordem prática, porquanto: a) a incompetência absoluta é inderrogável (ainda que nesse sentido seja a vontade das partes: CPC, art. 62), ao passo que a relativa admite prorrogação, ainda que pela via tácita. O critério medular que se empregou para separar a incompetência absoluta da relativa foi o do interesse público em jogo; b) a incompetência relativa pode ser arguida pela parte interessada mediante exceção (CLT, art. 799), sob pena de preclusão temporal e, consequentemente, de "prorrogação" em favor do juízo que não detinha a competência (*ratione loci, ratione valori*); já a incompetência absoluta deve ser declarada *ex officio*, embora possa ser alegada em qualquer tempo e grau de jurisdição, independentemente de exceção (CPC, art. 64, § 1º) Cabe destacar, ainda, que o CPC ordena ao réu alegar, preliminarmente, na contestação, a incompetência absoluta e a relativa (art. 337, II). No processo do trabalho, todavia, a incompetência relativa deve ser arguida por meio de exceção (CLT, art. 799); c) em se tratando de incompetência absoluta, o juiz deve recusar cumprimento à carta precatória, devolvendo-a com despacho fundamentado (CPC, art. 267, II), o que não lhe será possível na hipótese de incompetência relativa, pois aqui prevalece a regra legal de que a carta possui caráter itinerante: antes ou depois de lhe ser ordenado o cumprimento, poderá ser encaminhada a juízo diverso do que dela consta, "a fim de se praticar o ato" (CPC, art. 262), caso em que o encaminhamento da carta a outro juízo deverá ser, imediatamente, comunicado ao órgão expedidor, que intimará as partes (*ibidem*, parágrafo único); d) unicamente a competência relativa pode ser modificada pela conexão ou pela continência (CPC, art. 54); e) somente a sentença proferida por juízo absolutamente incompetente é rescindível, como demonstra o inc. II, do art. 966, do CPC. Assim o é porque essa incompetência, ao contrário da relativa, não se convalida: o vício contamina a sentença desde o momento em que é lançada nos autos e nela permanece mesmo depois do trânsito em julgado, conquanto a sua presença motive a rescisão do julgado.

Ao redigirmos o que consta da letra "b", retro, colocamos entre aspas o vocábulo "prorrogação (da competência). Justifiquemos esse nosso ato. Ocorre que não nos parece correto falar-se em "prorrogação" da competência, na medida em que o fenômeno que aí ocorre, em verdade, é de "deslocamento" da competência. Com efeito, quando um juízo que, a princípio, era incompetente se torna competente, o que se verifica é um deslocamento da competência daquele para este, e não uma "prorrogação" da competência deste, a avançar sobre a daquele. Em todo caso, por força de uma larga utilização, o verbo *prorrogar* mereceu o prestígio da doutrina, da jurisprudência e do próprio legislador, como demonstra, v.g., o art. 65 do CPC. Isso não impede, todavia, o abandono da praxe inveterada, em benefício da precisão terminológica. Não chegaríamos, porém, ao exagero de dizer, como Hamlet: "É um desses hábitos cuja quebra honra mais do que a observância".

O CPC de 1939 limitava o uso da ação rescisória às sentenças proferidas por juízos incompetentes *ratione materiae* (a expressão latina constava daquele texto). A doutrina, contudo, afirmando haver sinédoque nessa disposição do Código, admitia o alargamento do manejo da rescisória, para alcançar também as decisões tiradas por juízos desapercebidos de competência em razão da pessoa e da hierarquia. O Código de 1973, em disposição melhor adequada às exigências doutrinárias, aludiu — genericamente — à incompetência absoluta, com o que apanhou, em um só movimento, todas as espécies do grupo (matéria, pessoa e hierarquia). O CPC de 2015 procedeu do mesmo modo (art. 113).

Comumente, o vocábulo *foro* tem sido usado — inclusive pelo legislador — para designar o território, a localidade em que funciona a sede do juízo ou se encontram domiciliadas as partes. A ressalva é importante para alertar que embora a incompetência *ratione loci* seja efetivamente relativa, em determinados casos, previstos em lei, ela assume caráter de absoluta, como se dá, p. ex., nos arts. 50 e 51, *caput*, do CPC. O primeiro declara ser competente o foro de domicílio do representante ou do assistente, na ação em que o incapaz for réu; o segundo, que será competente o foro de domicílio do réu para as causas em que a União seja autora.

A propósito, o processo do trabalho repele a possibilidade de as partes modificarem a competência em razão do valor e do território para solucionar eventual conflito de interesses que entre elas se estabelecer — possibilidade que o processo civil concede, desde que esse acordo conste de instrumento escrito e se refira, de modo expresso, a determinado negócio jurídico (art. 63, *caput*, e § 1º), sendo certo que o foro de eleição obriga os herdeiros e sucessores das partes (*ibidem*, § 2º).

No sistema da CLT, a competência em razão do território é fixada com acentuada rigidez, em atenção aos interesses do trabalhador, pelo art. 651. Posto à frente, contudo, esse interesse, não vemos como se possa inquinar de nula, de desvaliosa, ocasional avença entre as partes, onde se perceba que ela decorreu de um interesse direto e indiscutível do trabalhador.

Define-se a competência no momento do registro ou da distribuição da petição inicial, sendo irrelevantes as ulteriores modificações do estado de fato ou de direito, exceto quando acarretarem a supressão do órgão judiciário ou a alteração da competência absoluta (CPC, art. 43). Este é o postulado da *perpetuatio iurisdictionis*.

Salvo decisão judicial em sentido contrário, conservar-se-ão os efeitos de decisão proferida pelo juízo incompetente até que outra seja proferida, se for o caso, pelo juízo competente (art. 64, § 4º)

Quando o tribunal rescinde a sentença proferida por juízo absolutamente incompetente, não deve ir além desse *iudicium rescindens*, pois ingressar no *rescissorium* importaria suprimir, arbitrariamente, um grau de jurisdição.